# の水をのむ

実

ヒョウの昼寝場。私も
一度あそこでと願う

黒いたてがみのライオンは貴公子と
呼ばれるという。少なくなった

チーターの家族。美しい家族

ヴィルンガ・ナショナルパークはウガンダコーブで埋まっていた。発情期と聞いた

一生旅を続けるヌーの群れ。立ち止まることはほとんどない

クロサイが行く。いつもどこか少し淋し気

土煙をあげてゾウが行く。
私もついてゆきたいと願う

子供が大好きな
サバンナ・モンキー

# 獣医師、アフリカの水をのむ

竹田津　実

集英社文庫

獣医師、アフリカの水をのむ　目次

# 獣医師、アフリカの水をのむ

監視される私。上からも下からも

# 第一章

# 『少年ケニヤ』がひとりの獣医師を生んだ

アフリカ大陸、東玄関、ケニア・ナイロビ国際空港。着いたら一番先に大気を吸おうと決めていた。

誰より先にとドアの前に立った。戸が開き、書類を小脇に降りてゆく客室乗務員を見送るような格好でデッキの最上段に仁王立ち。

朝日がまぶしい。大気を体いっぱいに吸いこむ。アフリカの空気である。乾いた馬糞《ばふん》の匂いがした。ゾウのそれかもしれないと思った。

想像していたとおりであった。

＊

あれから四〇年余、今もほとんど変わらない。濃厚な野生の味がほんの少し薄くなった分だけ、どこにでもある饐《す》えた湿気みたいなものが参加した。

開高健は私の大好きな作家である。

彼の作品に〝偶然の子である、私〟（『オーパ、オーパ!! アラスカ至上篇 コスタリカ篇』集英社文庫）という書き出しの一文がある。

本書の初めに、私の出自にこれを勝手に引用する。お許し下さい。

獣医師になれたのは、偶然としか表現しようのないことの積み重ねの結果であった。

九州・大分県、瀬戸内につき出るようにしてヒトの頭の形をした半島がある。その先端の出である。

農村であり、漁業も少し、林産物はもっと少ないといった町である。

高校は隣町にある。六〇キロメートル位離れた町に本校があり、私たちの学校は分校ということになる。

卒業生のほとんどは就職する。専門学校のほとんどなかった時代なので、進学となると大学ということになる。進学組は年に七〜八人といったところだと記憶する。

例にもれず私も卒業イコール就職だった。中部地方にある製鋼所である。当たり前のことであるが一生その職場が自分の居場所と思っていた。

二年経《た》ったある日、定期健康検診があった。

熱が少しありますねと言われたが、溶鉱炉付の分析検査室が職場のためか、いつも体はほてっていた。熱っぽいのはそばの溶鉱炉のせいだと思っていたので、「そんなものでしょう」と。

ところが数日後厚生の係官がやってきて再検査が必要と言い、次の日病院へとなる。

係官は一週間後「肉体労働は無理」というお墨付を添えて病人であると告げた。

「そんなー」と絶句する私の顔も見ずに、「まず体を治しましょう。事務方の仕事もありますから」となぐさめて去った。

昭和三〇年代の初め、なぜか止まる駅、止まる駅で春日八郎の歌う「赤いランプの終列車」の歌で送り出された集団就職組は、親からもらった五体を唯《ただ》ひとつの財として都市の中にほうり込まれたのである。

肉体労働以外に生きる道があるとは考えなかった身にとっては、この託宣はこたえた。

病名は「カリエス」と告げられた。気の毒だと思ったのか「ごく初期です」という文言を添えた。

休職、時々病院という生活。

しかし当の私にはどう考えても体調に異常はなかった。微熱があったのも一〇日余。あとは普通。これは退屈であった。退屈は苦痛でもあった。

パークの道路を歩くシマウマ。歩きやすい所を歩く。生き物は全て同じ

夏が終わる頃、退社しようと考えた。考えると行動は早い。次の日辞表を出し、失業保険の手続きなどを頼んで名古屋へ。少し退職金が出ると知って有り金を全部持った。

映画を見て、ウナギを食べて古本屋に寄る。前からもう一度読みたかった山川惣治《そうじ》の『少年ケニヤ』を買った。ついでに『少年王者』も読みたいと本屋へ。

目的の本はなかったが、何気なしに雑誌を一冊買う。「螢雪時代」だった。一冊買う本がなぜ「螢雪時代」だったのか、どう思い出そうとしても思い出せない。自分の未来に絶望してヤケになっていたとも思えなかった。

貧しいことにかけては誰にも負けないと妙にいじけていた私にとっては、一番縁遠いものが手にふれたということかもしれない。大学受験を夢みる人間にとっては、当時誰もが手にするものと思っていた一品である。

でも探したという記憶がないのだから、偶然手にふれたということだろう。それが証拠に、すぐに読みはしなかった。目次すらも見なかったと記憶する。

私の退屈を救ってくれたのは『少年ケニヤ』だった。このアフリカを舞台にしたマンガというか劇画は面白かった。同時にアフリカに関する知識が少しずつ自分の体の中に蓄積された。ずっとあとで分かったのだが、作者の山川惣治は一度もアフリカの地をふんでいないというから、私のアフリカ通もあやしいのだが。

『少年ケニヤ』の時間もすぐに終わって、退屈が再開された。

ある日下宿の万年床に仰向《あおむ》けになり、「何をしようか？」となって伸ばした指に本がふれた。あの偶然の子「螢雪時代」であった。

時間がつぶれるのならとパラパラ。

卒業以来、どこかに消えたと思われていたものが眼《め》に飛び込んできた。本当に飛び込んできたのである。

かつて面白くもなんともなかったものが新鮮な文字群となって脳を刺激した。かすかに残る記憶が刺激となって、次の記憶をつかんで現れた。

その時になって受験のための本というのは内容に余分なものは一切ないということを知った。

退屈で渇いた脳ミソにとって、知識は栄養分となってしみてゆくように感じられた。

持て余す時間はこれでなんとか消費出来そうだと気づくとまた電車に乗った。本屋へ。

一ヶ月もすればそのうちに飽くだろうと思っていたのに、次の失業保険の給付日はやはり本屋となった。参考書というのが私の買い物の中に登場していた。

ある時、これはゴッコだと気づき苦笑した。自分の人生の予定表のなかに、大学なるものは全くなかった。ないというより許されない掟《おきて》として佇立《ちょりつ》していた。考えることも想像することも「否」であった。

実現出来っこないことを頭の中だけで想像し、現実にあり得ないことをあるかのように、出来るかのごとく演ずる……あのゴッコであると納得した。そう思えば楽である。

ゴッコを楽しもうと考えていた。

楽しむのである。想像をふくらませ、受験校の選択、下宿、アルバイト先のことまで心配することも楽しんでやろう。お金があるだけ本を買う。

ひょっとすると病気ではないのではないかと自分を疑ってみたりもして楽しんだ。

年末、郷里へ帰ることにした。

下宿代が無駄に思えたこと、ゴッコ遊びが現実をどんどん遠ざけているようで、そ

ナイロビ・ナショナルパークの風景

れはそれで少し心配となった。

失業保険が春三月まで給付されることを両親に話し、帰郷を許してもらった。心配したのは母であった。

栄養のあるものをと手伝い先の料理屋からもらって食べさせてくれた。

ふる里の空気はやさしい。家のうらから瀬戸の海鳴りが、表戸から鎮守の森の山風が流れてきた。

私は毎日海をながめ、鎮守の森に出かけた。

療養生活の気分であったが、体調に全く変化はなかった。両親は本当に病気なのかと首をかしげた。私も同調していた。

時々夢をみた。動物の背に乗っていた。ゾウの時もあったし、シマウマのこともあった。私はいつも動物のお医者さんであった。勝手に自分で物語をつくっているらしい。

古本の読み過ぎだと思っていた。

三月、自然も世間も全てが旅立ちの季節を迎えていた。

私も家を出る準備を始める。

先輩が横浜にいたので手紙を書く。拍子抜けするほど簡単に「いつでも」と返事がきた。世間はまだ中卒、高卒の体力を必要としていた。

ついでに大学進学の願書を出す。

突然そんな気になったことを今考えると、不思議な出来事というしかない。思えば受験生ゴッコの仕上げみたいなものだった。

おかしいのは国立一期校は見送り二期校と決めたことだった。

一期校の試験日が失業保険の給付日と重なったからである。ゴッコに現実を取り込んだことがおかしく大笑いしたのを思い出す。

願書を出す段階で、自分が学びたい分野を勝手に選ぶことが出来ることに感動した。それまでは何になりたいかではなく、世間はどんな分野で働ける人間をほしがっているかを知ることだった。そこへ自分をあてはめる。就職とはそんなものと思っていた。ところが入学願書にはそんなことはどこにも書いてない。

要はアナタの勉強したいことはなんですかと問うているだけだった。これは新鮮な発見だった。

ある時、獣医学という文字を探していたのである。

病気を得たことで始まった受験生ゴッコは三月に終わった。

楽しかったし、勝手に自分の未来を夢みることも出来た。その卒業記念行事と決めて横浜に出る旅の途中で下車した。誰も知らない私だけの夢物語の仕上げ作業であった。

岐阜大学で試験が終わり、その日の夜行で横浜へ。

楽しいゴッコはこうして卒業したのである。

新しい職場は生麦《なまむぎ》という地にあった。

大工の手伝いといった仕事で、私は屋根にトタンを張るという仕事だった。

ある日、先輩が下から声をかけた。

「竹田津君。どこかの学校を受験したのかね」と。

「サクラサク」という電報がとどいていると、片手にその紙切れをヒラヒラさせてみせた。

その夜、私は少し反省した。ゴッコで受験したことをである。私が定員の中に割り込めば誰かがひとり入学を拒否される。その人の分まで責任があるような気がするのだった。なかなか寝つかれなかった。

怒濤《どとう》のような一週間があって、私は獣医師になるための一歩を歩き始めることになった。

私はアフリカの少しピントのあまい写り過ぎてない古い写真を見るのが好きだ。過ぎてない分だけ想像力を刺激してくれる。古いといっても私が生まれる前後くらいのものだ。

思うに『少年ケニヤ』や『少年王者』の舞台を見たいと思っていただけかもしれない。

一八九九年のナイロビを撮った写真がある。私の生まれる四十年ほど前の写真だ。

数戸の平屋の建物、それを取り囲むようにテントがびっしりとある。今でいう難民キャンプのような風景である。

マサイの語で「冷たい水」を意味するその地が、東海岸の都市モンバサから内陸ウガンダまでの鉄道敷設計画の給水地として指定されたのは、この写真が撮られた数年前のことである。

ゾウが群れ、サイが闊歩《かつぽ》し、夜ともなればライオンの天下であった。時おり牛を連れたマサイの一群が水を求めて立ち寄るという、サバンナの中の一オアシスにすぎなかった。

数年後、高冷地であったために、線路の建設関係者の休養地として発展、あっという間に都市へと成長した。しかしそこがサバンナのどまん中にあることに変わりなかった。ついでに言えば一九〇五年、そのナイロビに墓地が出来た。最初に埋葬された六人全てが、鉄道建設の現場で人喰《ひとく》いライオンに襲われた犠牲者だという。なんともいたましい話である。がその時代を想《おも》うと胸がおどってしかたがない。

たかだか百年あまり前の話である。

その朝私はあこがれの地、アフリカの大気を吸っていた。

馬糞の匂いに大満足であった。私の想像したサバンナの匂いであった。

ナイロビ国際空港に隣接する形で、ナイロビ・ナショナルパークがある。面積一一七平方キロメートル。本国イギリスより早く一九四六年にナショナルパーク第一号として開設された公園である。

パークは人間の居住域に隣接しているので東・北・西の三方に柵がある。人とのトラブルを予防するためだと聞いた。

要は野獣と呼ばれるサバンナの住民たちが勝手にナイロビの市街地へ遠征しないようにするためだというが、私には、ヒトの大群がサバンナの楽園を荒らさないようにと張りめぐらした柵に見えた。

一九七〇年代、ナイロビはすでに大都市であった。

まずはパークへ。

パークの中をゆるやかな道が何本か通る。入園者は安全のため全員車に乗る。

発展をとげるナイロビ

道でよく大型獣と出会った。逃げるでもなく、ほんの少しお互いがゆずり合う。長く野生動物を追う者として得た「生き物は楽をしたがる」という私の動物観を、この地でも見せてもらい苦笑した。

当たり前だが彼らはヒトと同じようにさえぎる物のない歩きやすい所を利用する。初期のナイロビでは人々は家の前を通るヌーやバッファロー、はてはライオンまで撃って食べたとか遊んだとかが日常だったという。

「今夜のごちそうは」と言って窓を開け銃を撃つというのである。

そういえば、かつてナイロビの市街をシマウマに乗る紳士がいた、と写真で知った。医者であった。往診しているのだそうだ。

私はほんの少し生まれ出るのが遅かったことを今でもくやしがっている。もう少し早く生まれていたら私もそうしたに違いない。いや私ならゾウにしただろう。ゾウといったが、このパークにはゾウはいない。でもご安心を。

動物の孤児院がある。私が出かけた時、ゾウの子もいた。

ゲートの開く時間が朝早く、ナイロビに住む人には出勤前にひと回りの楽しさを味わうことも可能だと教えてくれた人もいる。

「なんという贅沢《ぜいたく》!!」と私はうなった。

# 第二章

# まずナイロビから

サファリ。「旅」を意味するスワヒリ語である。この言葉に心くすぐられ、アフリカの水をのむことになる人は多い。のんだ人は再びアフリカに水を求めるという。これをある人はアフリカの毒と表現した。恐ろしい。

＊

大学を卒業し北海道東部の地に職を得た私にとって、アフリカのことなんぞ、もうどうでもよくなっていた。九州人にとって北の果ては外国そのものであり、毎日が旅人みたいな日々となっていた。

シマウマの代わりに、農耕馬が私の乗るソリを引いて、隣の家までが数キロの細い道をかけてゆく。まだ原野の名残りが色濃い地であったので、風景は写真で見たサバンナと変わりない。唯、一年の半分は冬、寒い。氷点下となることは普通である。

野生動物にもこと欠かない。

ヒグマもいればシカも出た。天空にはオジロワシが舞い、近くの湖はハクチョウの大群が湖面をうめる。

北海道は日本語の通じる異国であった。アフリカが登場する隙はなかった。

私はお百姓さんの隣人であるキツネに興味を示し始めて、毎日その尻を追い、お百姓さんたちに「困った若先生」と呼ばれていた。私の職場は少し年老いた先生が多かったのでこう呼ばれた。

一九七三年四月、平凡社から自然誌「アニマ」が創刊された。

創刊号巻頭に私のキツネの観察記。一八ページという分量に我ながら驚く。それだけではない。私のアフリカ病に火をつけるかのように、B・グジメク、J・グドールのレポートが載った。アフリカ記であった。

私はヒェーと悲鳴にも近い声をあげ、その偶然に興奮したのである。

B・グジメクの寄稿はザイールと呼ばれていた時期のコンゴ（コンゴ民主共和国）の、J・グドールのそれはタンザニアのンゴロンゴロが舞台である。

私はゾウの背に乗る夢を久しぶりに見始めていた。

一九七八年、映画『キタキツネ物語』が公開され、二三〇万人を動員したと騒がれたが、私の日常に変化はなく往診に明け暮れていた。

映画を観《み》たという人々が押し寄せ、忙しくなっただけであった。

ある時、アフリカ行きの話が、その中に参加した。

映画が当たったことだし……というのが理由であった。その映画の企画・動物監督が私であった。それを指しているらしい。

要はごほうびの意味ですというのである。

「ごくろうさんでした。夢であったアフリカでゾウにでも乗ってきたら……」とおっしゃる。

そこでそんな気分になっていたら、「行きましょう」と声をかけた人が出た。

私の写真の師である動物写真家の行《ぎょう》田《だ》哲《てつ》夫《お》さんである。彼は何度もアフリカに出かけていて「小倉《おぐら》さんの企画です」と誘った。

小倉寛《ひろ》太《た》郎《ろう》さんについては拙著『獣

医師の森への訪問者たち』（集英社文庫）でふれているので省くが、後年山崎豊子の『沈まぬ太陽』の主人公のモデルとなった人である。

そんなことはどこかにおいてもアフリカが大好きな人。その人と一緒である。

断る理由はどこを探してもなかった。

ナイロビの宿はホテル・ニュースタンレー。

あの行方不明となっていた宣教師であり、探検家でもあったリビングストンを探すために派遣された、記者であり探検家ヘンリー・スタンレーゆかりの宿に違いないと勝手に決めていた。

ケニアが独立してまだ二〇年もたっ

旅での出会いの記憶

ていない年である。古いアフリカ、新しいアフリカの全てがそこにあると思った。そこは、二〇世紀初頭のこの地の物語の主人公たちが何かにつけては集まった場所として登場する。

枝々を鋭い棘《とげ》で武装したソーン・ツリーが一本。それが中心となるカフェがある。テーブルが置かれ、各人が椅子を持ってそれぞれ気の合った同士が集まる。ビールを飲み、お茶をする。軽い食事も。

少し酔うと三〇年前、五〇年前の香りが間違いなく残っているような気がしてならなかった。

この木の下であの名作『Out of Africa（アフリカの日々）』を原作とした映画『愛と哀《かな》しみの果て』に登場する多くの人々がビールを飲み、コーヒーを楽しみ、食事をし、愛を語り、時々ケンカをし、果てになぐり合ったのである。

そう思うと読んだ本や映画の登場人物たちが次々と登場し頭の中でワイワイ、ガヤガヤとなって困る。

それにしても映画の中のロバート・レッドフォードは格好良かった。主人公カレン役のメリル・ストリープも魅力的ではあるが……いやそんなことをいっているのではない。原作のモデルとなった多くの人々も皆《み》んなこの木の下で夢を語り、運を競ったに違いなかった。

誰か、例えばカレンの夫ブロル・ブリクセンが妻の心変わりに気づいて持っていた狩猟用のナイフで思わず傷付けた……といった跡がないかとそっとなぜてみたくなる。実在の名ハンターのフィリップ・パーシバルの匂いなんぞが残っているのではないかと鼻をヒクヒクしたくなる。

シマウマの背に乗って往診していたリベクリ医師はどうだったか。少し時代を下ってヘミングウェイ。アフリカの野生の過去と未来のはざまに立ち会った写真家ピーター・ビアード。彼らの声が聞こえるような気がしてならなかった。

「ビール、もう一本」と手を上げていた。

日本人のグループに出会う。

サファリが終わって明日日本へ発《た》つとい

カレン・ブリクセンの居間（ナイロビ）

った。旅の途中の情報が聞けた。私たちの行くナクルやマサイマラの、そしてその向こうのタンザニアの情報を。

あのロッジでは水が出なかった。シャワーの水は茶色だった。ナンキン虫に悩まされた。等々、自然のすばらしさの合間に不満が同居して語られるのが面白かった。

ソーン・ツリーの下は今も昔も情報交換の場であった。

きっとここ八〇年間変わらぬ風景に違いない。現在に比べて、人間の生き死ににかかわる事件の多少が時代を区分するキーワードとなっているだけのような気がした。

ビールと新しい情報を体いっぱいにして次の早朝旅立つ。

サファリといえば二〇年前まではお客はお金持ちと決まっていた。その財力で野生味たっぷりの冒険を味わいたいという人々が対象だった。

だから重い銃を持つ。ゾウやサイを撃つためのもの。ガゼルやハイラックスではない。大きく荒々しい動物。カバや、ライオン、バッファローそして私の大好きなゾウとなるのである。だから銃は当然大型となり重い。

残念なことだがお金持ちというのは体力に欠ける。

そこで鉄砲を持つ人をまず、そして獲物を目の前に追い出す人をと次々と雇用する。

それだけではない。サファリは一〇日間は普通で一ヶ月という長旅もある。そうなるともう大変。食料、テント、料理人、水汲《みずく》み、掃除係、洗濯人、ボーイ、皮はぎ職人、皮なめし師、エトセトラ、エトセトラ。

運送用の馬、犬、それらの飼育係と気が遠くなる。なかには獲物をトロフィーにするために剝製師を連れていったこともあるという。

「御一行三〇人様」なんてものは普通で、アメリカの大統領セオドア・ルーズベルト氏は総勢一五〇名という大軍団であったという。

アメリカ国旗を先頭に大群が続く写真を見たことがある。ちなみにこの時の猟果は野生獣数千頭であったという。

愚か者というしかない。

それに比べて我が小倉隊は一〇名の客人（顔をみるとそれほどの金持ちにはみえない人々）。ドライバー二名、車二台、その他少々、であった。

庶民隊というべきか。

目指すはマサイランドである。

昔見た。誰の写真だったか、草原をひとり旅する長身の男、一枚の赤いマントが体をつつむ。細い棒を持つ。先端が黄昏《たそがれ》のおだやかな光を反射して、槍《やり》であることを知らせている。かなたに地平線。これぞアフリカだという写真であった。

そんな写真を撮りたいと思った。

マサイ族である。

成人になった証《あかし》としてライオン狩りに出かけて獲物を槍で殺すのだと聞いて肝をつぶした時期もあったが、生業《なりわい》が牧畜であるというのだから、その日々も面白かろうというのが獣医師の本音だった。

しかもその生活の場が野生動物の保護区と重複している場所が多いという。

運がいいと牛を追うライオン、そのライオンに槍で立ち向かうマサイの勇姿……なんて写真が撮れるかもしれないと勝手に想像していた。

だが夢はいとも簡単に打ち砕かれた。

マサイランドに向かう途中、車内で小倉レクチャーを受ける。

その第一講がマサイの写真は厳禁です……であった。

そういえば聞いたことがある。

昔、はるかな昔、写真を渡された当のマサイの男は仰天した。写真を渡された紙片に写っているのである。自分の姿が渡された紙片に写っているのである。

自分はここにいるのにもうひとりの自分が紙に移っていることに腰をぬかした。自分が紙に盗まれたと考えたらしい。

その紙の自分を元の体に取りもどすためにどんな協議交渉がくり返されたのかは知らないが、大変だっただろうとは思う。

だがそれは昔のことだと思っていた。

「そうではありません」と小倉さん。

ごく最近の話。

マサイの人たちが草の海と呼ぶセレンゲティ（タンザニア）でひとりのマ

草の海を歩くマサイの姿。かっこいいとつぶやいている

サイがサファリを楽しむ車と出会った。

車の中の旅人のひとりがそのマサイの勇姿(?)を一枚撮った。彼（旅人は男であった）はマサイランド通過の注意事項として、私たちと同様のレクチャーを受けていた。そこで彼はもう心配ないと思われる距離まで車が離れたことを確認してパチリとやったのだそうだ。しかも長玉のレンズだったというから、普通の人だったら、撮られたことは絶対気づかないはずであった。

ところが次の朝。旅人の泊まるロッジの前でひとりのマサイ族の青年が右手に槍で仁王立ち。

前日、写真を盗撮(?)した男が車に乗り込もうとしたのを見つけて、なにかさけんだのだそうだ。

通訳によれば「自分を返せ！」といっているというのだ。

マサイの青年は、前日草の海の中で盗《と》られた自分の命を返せといった。撮られたことを知っていたのだった。

当たり前である。マサイの人は眼がいい。視力は、6・0だといった人もいるくらいで、はるかな、我々では全く見えない（と思われる）程の遠くの出来事も見えているのだという。

結局、撮った御仁はフィルム（当然未現像）をさし出して平あやまりにあやまって許してもらったという。

そして小倉さんはつけ加えた。

撮影した地点からロッジまでは六〇キロはあったと。たった一本のフィルムを取り返すために彼はやってきたのだ……と。私たちは震えあがったのである。

撮ってはいけませんといわれると、なぜか余計にマサイの人たちに出会う気がする。皆んないい顔をしているし、格好がいいし、ある人の表現を借りると絵になる人々であるから困る。

彼らが住むエリア、マサイランドはケニア、タンザニアにまたがる十万平方キロメートルの草原、サバンナの地。

その中に両国を代表するナショナル・リザーブ（国立保護区）がある。マサイマラ（ケニア）、セレンゲティ、それにンゴロンゴロ（タンザニア）、コンサベーションエリア（同）等々である。

そこでは野生動物たちの中にマサイ族の生活があり、言いかえればマサイの人々の生活の中にゾウがいてライオンが、キリン、ヌー、バッファロー、その他ウジャウジャとなる。

かつて野生動物の保護区を設定する時に、野生と共存出来る民として、マサイ族が選ばれた。

彼らは牛牧畜の民であり、農耕はしない。食物は家畜の肉、乳、血を主食とし、食料のために獣猟はしないという生活のスタイル。

耕作はしないのだから、野生動物とのトラブルは少ないし狩りをして食べ物を得るという習慣をもたないのだからお互い皆んなよき隣人同士のはず。

そのせいか人も動物たちもおだやかで、人の姿を見ると逃げるという世界は無。どこを

マサイの親子

探しても。私には桃源郷と思えた。

その桃源郷で私たちはほぼ毎日、地平線を目指して旅した。

アフリカの人々は空が地に接する場所を「終わり」と呼び、ある一族は「始まり」といった。

またある人々は「天と地が交尾をしているところ」と語った。どれも当たっていた。

ある夕辺、私たちはヌーの移動に付き合った。群は跡切《とぎ》れることなく目的地へ。私たちはそれがどこかは知らない。地平線の中に消えていったのだけが見えた。そこは終わりに見えた。

またある朝。地平線の中からわき出る一群に出合う。ウジャウジャ、ゾロゾロと現れるのである。

最初はネズミの大群に見えた。やがてガゼル、そしてヌーと分かった。〃始まり〃である。

こうして桃源郷の舞台の幕が開くのだった。

ある時、疲れたのでどこにも出かけずロッジの展望台でビール片手にそこを終日ながめたことがあった。

地平線からは次々とマサイランドの主役が登場してきた。

ゾウのひと群、キリンの長い足と首、グラントガゼル、トムソンガゼルの大群、時々チーター、ヌー、シマウマ、また時々ライオン、バブーン（サバンナヒヒ）の大群、空にはハゲワシ、まあ忙しいこと。忙しいこと。

天と地が交尾してアフリカの豊かな自然誕生の舞台現場がそこにあった。

一三年ほど前、ポラロイドカメラを持って出かけた。子供たちが写真に対してどう思っているか知りたくて。

皆んな直前に写された自分たちの姿をながめ楽しそうに友々と語り合っていた。大人はどうだろうと考えたが反応が怖くて止《や》めた。

アフリカは変わっていく。音をたてて変わっている。でも変わってないようにも思えたのである。

# 第三章

# マサイマラ・クラブ

＊

初めてのアフリカで、アフリカの水をのみ過ぎたらしい。

微熱が続いている。

黄昏の頃、仕事場の西側の窓から遠くをながめると、丘陵の上を牧舎に帰る牛の群が見える。

時々、ゾウの一群に見えたりして困った。

それを追う隣のお百姓さんの足が伸び、片手の棒の先端がキラリと光って見えたりするともういけない。


時々夢を見る。

大地に草はなく乾ききっている。はるかな地平線を砂嵐が時々土煙を連れて通り過ぎてゆく。来る日も来る日も同じ風景の中をひたすら旅している。

生き物が消えた。

絶滅したらしい。誰も不思議がらない。「おかしい」と言おうとしたが声が出ない。

どこかに置き忘れたらしい。

思い出そうと首をふる。動かない。口を大きく開けて声を出そうとしている。目がさめた。いつもここで目がさめる。

少し汗をかいていた。

ビアードの所為《せい》だとつぶやいている。


初めてのアフリカの旅は大満足であったと思ったのに、何かを見落として帰ってきてしまったといった気分である。

これがこの病の初徴であると誰かが言っていた。

その気分をなだめるために本を開く。これが良くない。

どのページを開いてもアフリカは確実に、それも急激に変わりつつあると告げている。当たり前である。あらゆるものは変化する。良い悪いは別にして。

当時のアフリカの多くは、長い間の他国からの理不尽な支配からやっとぬけ出した独立ホヤホヤの国だらけである。当のケニアですら独立は一九六三年であり、タンザニアは六一年である。六三年といえば私が大学を卒業した年だ。

変化は当たり前であり、速くなくては時の流れに遅れる。変化を強いられているといっていい。

でも変わらないでほしいものはいっぱいありそうだったが、それが何なのか分からないでいる。

大満足の私のサファリの旅では本当のアフリカの悩みは何も見えなかった。平和だった。

動物たちは嬉々《きき》として草原を走り、枝々を渡る。湖面はフラミンゴで紅色に染まっていたのである。

当然、帰国当時はアフリカに酔った状態だったといっていい。それも酩酊《めいてい》だ。

早速、友々に電話をかけまくり、集まりではいつもまん中に鎮座して、持ち前の大声で彼《か》の地の豊かさを吹聴した。

ホラも吹く。

ゾウに乗ったかのような話もした。本当は公園に附属した「野生動物の孤児院」の患者、子ゾウにさわっただけである。

まだ『少年ケニヤ』を卒業出来ずにいた。


ピーター・ビアード。アメリカの写真家である。一九三八年生まれであるから私より一つ年下。

作品集を見たのはナイロビのインド人経営の本屋。ナイロビを出発する前夜であった。

『The End of the Game』という書名だけは憶《おぼ》えている。

内容は強烈であった。

特に後半のツァボ・ナショナルパークに於《お》けるゾウの悲劇は衝撃的で見ていて胸がいたくなった。

お金がなかったので買わずに帰ったがその映像はいつまでも体に残った。

ビアードはかつてナイロビに住んでいた。

アフリカの夜明けといっていいか分からないが、独立前後の変化の激しい時代をカメラ片手に、記録しまくっているのだから脱帽である。

語学がからきし駄目な私は日本語版の出るのを待つしかなかったが、そのダイジェスト版といった形で本はすでに集英社から出ていた。

『楽園からの最後の言葉』がそれであった。

この本に出会えたのが旅のあとで良かったと今でも思っている。私の初めてのサファリが、ピーター・ビアードという名伯楽のフィルターにかけられた形で終わらなかったことを良しとしよう。

私は何であれ感動した作品を見ると真似《まね》たくなる性癖を持つ。感性のパクリである。はずかしい。だが、初めてのサファリが、少なくとも私の『少年ケニヤ』時代の名残りが体の一部にあったままでアフリカをながめられたのはラッキーと言うべきだった。

それでも本の見返しページ。

ゾウの大群

「1978年11月13日　月曜日」とある。

場所はツァボ・ナショナルパーク。ゾウの一群の写真だ。その数六七三頭。軍団といっていい。

そこにあるのは死の予感に満ちた一枚の記録である。

私が撮ったのは五一頭の群である。それでもその旅で出会えた最大のものであった。

ピーター・ビアードの撮影時から二年も経っていなかった。

場所も「ゾウの数はツァボと同じ」と聞いた近隣のアンボセリ・ナショナルパークでの話である。

それが不安の元であるらしい。その落差が。

ビアードはアフリカの黄昏をフィルムに残したが、私は夜明けをながめたような気がする。アフリカを知りたい男にとってそこは夜明け前だと思いたいのだった。

「間に合う」という言葉があるが、私は私の想像するアフリカに間に合ったと思いたかったのだ。

でも、と誰かがささやく。

写真家ビアードの視点がやはり夢となるのだった。

その度に思った。早く行かなくては……と。

まだあるはずの原始のアフリカを早く見なくてはならない。間に合ったとつぶやきたいのだ。

お金をためる。時間をためる。気持ちをためた。その分忙しくなった。

確実にアフリカは近くなっていた。そんな気がしていた。

一九八三年、平凡社発行の自然誌「アニマ」が創刊一〇周年を迎えた。そこで誰かが発案・企画したものの中に「動物写真家の先生と行く、ケニアの旅」があった。動物作家三人のひとりに私も入れられていた。

ついでに記すと他の二人は戸川幸夫《とがわゆきお》先生、小原秀雄《おばらひでお》先生であった。

私はいつの間にか、動物作家となり、先生と呼ばれる身分となっていた。職業柄先生とは呼ばれるが、この時は居心地が悪かった。

逃げ出したくなったのを覚えている。

日本人もサファリを楽しむ時代を迎えていたのである。

「本誌でおなじみの『キタキツネ物語』の……」という枕詞《まくらことば》のつく旅が始まることになる。

私が手に入れることの出来る休みを全て使った。

その中には本来我が家の子供に使うべき休みもあって、それをごまかして全てを使うのだから、家族には不評であっただろう。

その第一回。一九八四年八月六日～一六日の一一日間。

参加者、一三名。男性三名、女性一〇名という。全員若者ですと担当者が電話してきた。

当時は海外旅行がブームとはいえ、アフリカは遠い。気持ちの上でヨーロッパやアメリカに比べはるかな地であった。

そこでも女性軍は軽々と出かけてゆく。個性的な人々に違いないと田舎者は身構えた。

ベテランと紹介された添乗員、大築正男《おおつきまさお》さんも若い。おだやかな好青年。『少年ケニヤ』にあこがれて育った者にとっては、彼の地は今でも少々暗黒大陸の名残りがあると思っていた。

大丈夫かなあと思ったことを正直に告白する。

だが心配無用だった。彼はめんどうなことが起きる度に元気が全身にみなぎり、相手を納得させて終了とさせていた。

大脇和彦さんも一員であった。高校生。彼とは二度目の出会いで前回の自己紹介では中学生。三度目のアフリカですとあったから、今度は四度目かもしれない。

江戸期から続く医者の家系で彼が医者になると七代目ということになる。医者の卵だと、私は皆んなに紹介した。

石原雅子さんがいる。看護師。ベテランに決まっていると私は勝手に決めていた。

空港でそれぞれが自己紹介。最後に私が旅

の無事を願ってひと言。

そこに、「この隊は、医者の卵、看護師、そして最後の切り札に獣医師がいる。諸氏の体については全く心配無用」を加えようと考えたが口をつぐんだ。「ワタシタチはニンゲンです」と口をとがらせそうな人たちがすぐ目の前にいたからである。

使用する航空会社は、パキスタン航空。中継地はカラチ。そこでナ

動物の海を旅する

イロビ行きに乗り換える。

カラチのターミナルはかつて勤めた会社の分析室のビーカーを思い出させた。炉から汲み上げた鉄の塊をけずり、数種の薬品を添加して溶かす。その度に特有の臭いがツンと鼻を刺激、それが溶けた鋼の種を告知する。

日本人の臭いが急に薄くなり、代わりにカレー屋の香りが強くなった。そして時々なつかしい臭い。アフリカのそれである。

思わずあたりを見まわした。私は帰りつつあるのだと思うのだった。

機内に入るともうそれは決定的となった。通路を通る人々の肌の色、着ている物、そして体を動かす度に強くなったり、弱くなったりする体臭に自分はもうナイロビの町を歩いているような気分となっているのだった。


私たちのサファリは古典的なスタイルを踏襲(?)した。

旅行費を安くするための便法だったかもしれないが、これは良かった。

当時、ケニアではプールも持つ新しいロッジがあちこちに建ち、全てがヨーロッパスタイルで、行ったことはないが写真で見るアルプスや、スイスの山岳ホテルのようだと思っていたので、キャンプ用具一式を車で一緒に運ぶという形式がうれしかった。

食料、用具、スタッフはトラックで先発する。キャンプ地は公園内ではなくて、公園外のサバンナの中。先発隊はすでに到着していたが、そこはポレポレ（ゆっくり、もったり）のアフリカである。

私たち本隊が着いても、まだ建設中という。

皆んなその夜泊まるテントを、ここがいいな、とか、あそこがいいなんていって、ウエルカムドリンクを片手にガヤガヤ、ワイワイ。

燗《かん》のついたビールを誰かが取り出す。「誰だ。ビールを温めたヤツは……」などとうなっても一口飲めばもう全てが当たり前となる。

持参の煎餅が出て焼きのりが出るともういけない。

皆んなもう古い隣人、友達みたいな気分となっている。

「同じ釜の飯を……」ということわざがあるが、私たちはまだ一度もない。なのに……である。

きっと一緒に流した汗のせいだと思った。

とにかく道は悪かった。ナイロビを出る時、マサイマラのキャンプ地に到着する時間を問うたら、「さあ」とそこで一息止めて「まあ、心配なく。ええ、着きます、間違いなく」と言った。時間は出なかった。

私たちはすぐに納得した。一応国道を通っているのだが、車が思うように進まない。

予測は無理と。

　登り道、下り道、曲がり道、穴ぼこ道、石の道、橋のない川道と多種多様。

　その都度、私たちはハラハラ、ドキドキ。そして時として全員下車、労働者に。押し、引き、時には悲鳴をあげたりする。その度に汗だくとなる。

　汗は妙に連帯感を生む。一緒に流した汗なのだ。目的のために一緒に流す、あれはいい。

　燗のついたビールが残り少なくなった時、大築さんが言った。

「明日からのビールはもう少し冷えたものにしましょう」と。そして裏方さんとの交渉に出かけた。

　安着の儀式が終わった。

　夕方、テントの前の椅子に座ってボンヤ

全てが楽しい

リしていたら、ポーターの頭らしき人物がやってきて、こう言った。

「ドクターのテントの前にシャワー室を建てましょう」。ニヤリと笑った。

私はそのニヤリの意味が分からなかった。

シャワー室といっても一・五メートル四方の四角いテントで、まん中にヒトが立ち手を伸ばすとタンクの下方に付くジョウロのコックに手がとどく。ひねるとお湯が出て、なくなるとポーターを呼ばなくてはならないといった代物である。

何はなくても、サファリには必須のもので、日中いかなることがあろうとも、シャワー室を出ると文明人の仲間入りをしたような気分となる。

私のテントに近いということは何時でも、何度でもという意味かとニヤリの意味を理解しようとした。

だがその後、頭のニヤリには少し品格に欠けるものがあると気づいて「オー」と膝をたたいた。

それを言語化したのは記憶は定かでないのだが藪崎香住さんと八木京子さんだと思っている。アパレルメーカーに勤めているパキパキの女性であった。二人はこう言った。

「先生、のぞかないでネッ」と。

私は少し早目にテントの中に逃げ込むことにした。テントの前の椅子に座るとどうしてもシャワー室が気になるのであった。酒が入ると特に。

遠く、近くで笑い声。ハイエナの声だと気づく。

皆んな一緒に汗をかき、同じ釜の飯を食べ、象印のビールを飲んでアフリカを楽しんだ。このまま解散するのはもったいないと会を立ちあげた。

名をマサイマラ・クラブという。

一〇年後、全く同じメンバー（正確には結婚し相方も加わって）で同じコースのサファリを楽しむ。

道はずっと良くなり、汗をかくこともずっと少なくなっていた。その分なぜか時間が気になり始めていた。

会は今でも続いている。

# 第四章

# 一〇〇万羽のフラミンゴの旅

単なる鳥好きの少年が、ほんの少し大人の仲間入りをする時にかかる麻疹《はしか》みたいなもの——科学者にあこがれた時期がある。

ハトは哺乳類であるとバカな妄想にとりつかれ、先生を困らせた。

ハトは乳汁（鳩乳《きゅうにゅう》）を飲んで育つと本で読んで、ならば自分たちと同じ哺乳類と考えたらしい。

大学時代、ハトと同じように鳥のクセに乳汁で育つもう一種の鳥がいると知った。フラミンゴである。

ハトやフラミンゴのそれは、素嚢《そのう》から分泌される高タンパク、高脂肪の液状物で、私たちの飲む牛乳より栄養価がはるかに高いものであることを知って驚いたことを記憶している。

ついでにフラミンゴの赤い羽毛の色が食べ物によって決まることを知って、ますます面白いやつと感じたある日、それが眼の前に登場した。

＊

ナクル湖である。

ナイロビから一六〇キロメートル、マサイマラをたずねる時は決まって初日はこの地であった。

そして毎回、フラミンゴの数はミリオン（一〇〇万）でしょうとツアーの会社から告げられるが、私は一度もそれに会ったことがない。

ナクル湖でいつだったか、四〇万を超える数に出会った。湖面を埋めつくすピンクに「ウアー」と腰をぬかした。それからは本当のミリオンに出会った時は、我が身がどう反応するのか心配で、毎回身構えて初日のツアーとなる。


アフリカをゆっくり東西に分割しようという地球の企《たくら》みの現場、大地溝帯。その中の一部、ケニアの北部、トゥルカナ湖からマサイの聖地、オル・ドイニョ・レンガイ、そしてキリマンジャロと続く東部地溝帯にはたくさんの活火山があり、麓には大小の湖水が点在する。

東西から引っぱられて大地が裂けて、地下からマグマがふき出す。湖には温泉がわく。アルカリ性の高い湖にはその水性に適した生物が育つ。ラン藻、ケイ藻、巻貝などで、時々あちこちで大発生する。それを好む生き物がその都度離合集散。そのひとつがフラミンゴだった。

羽毛の赤は藻類の中に含まれるカロチノイド系色素によるもので藻類から直接取り込むか、それを食べた生物から、間接的に取り込むという。食べ物が不足すると赤くならないことになる。

カロチノイドというのはニンジン、トウガラシの色素と同じで、動物園に持ち込まれた当初は色素のことがよく理解されてなく体毛から赤い色が消えて困ったという話を聞いた。

そこで飼育係がニンジン、トウガラシをせっせと食べさせようと苦心したという少し笑いを含んだ話が残っている。

現在は合成色素カンタキサンチンを使っていると聞いた。

動物園が美しいピンク色のフラミンゴを見せたいというだけでなく、赤い色素はフラミンゴの体調の指標となるらしく、繁殖時に重要な役割をはたすという。

赤くないと、もてないのだそうだ。

要は十分食物を食べた個体でないと相方から無視されるということらしい。

フラミンゴの採食

それはそうだと私はうなずいているのである。

生物は子孫を残すことを第一義とする。栄養失調のものが相手にされないのは当たり前である。

食糧豊富な所に住み、十分食べたもの（フラミンゴの場合、羽毛の色にすぐ出る）は一番先に「結婚してもいいワー」なんぞと返事を得る。

ソーダ湖はせっせと赤い藻類を育て、フラミンゴを呼び寄せる。私を食べると「もてますヨー」と。五〇万、八〇万、時にはミリオンをかかえる湖が登場することになる。

活火山は大量の火山灰をふらす。火山灰は栄養分に富む。多種多様な生物群が生息する場となり、私たちのような生き物大好きの人間たちの憩いの場となっているのだった。

それは同時にそこで生活する人たちにとっても豊穣《ほうじょう》の大地である。いろんな物語の登場は当たり前で人間も含めたゆりかごの地といえる。サファリの旅は地溝帯をたずねる旅だといっていい。

その目玉はゾウとライオンだというが、フラミンゴが第一ではないかと私は勝手に思っている。

ナクル湖の北に位置するボゴリア湖国立保護区で四日間堪能《たんのう》したことがある。案内人は八〇万といったが、運転手は六〇万かなあとボソリ。それでもナクル湖に比べてボゴリア湖は面積がずっと小さいので見渡すかぎりといった観があった。そこで私はミリオ

フラミンゴの熱湯浴。やけどをしないかと心配した

ンを見たと思うことにした。
西側の高台で終日眼下にくりひろげられる彼らの舞台を楽しむ。
地下から噴き出す熱湯をシャワーよろしく両翼を広げて浴びる入浴、上半身を赤くして体を上方に伸ばして頭をピョコピョコと左右にふり行進する集団見合いの儀式が終日、少し様式を変えてパレードよろしく演じられる。お見合い儀式に飽きると採食、休養、水浴、ストレッチと忙しい。
それを、私がそうだと決めたミリオンの集団がやるのだから忙しい。騒がしい。疲れる。

だが求愛ディスプレイは集団でやり、個々ではやらないというから、この舞台は大切なのだろうと納得した。

ある年の正月。大手銀行のシンクタンク、総研の人と飲んだ。その時にナクル湖のことが話題となった。

「あぶない」と彼は開口一番、言った。

ナクル湖はやがてフラミンゴが飛来してこないかもしれない池になるというのだ。原因は驚く程速いアフリカの都市化だという。特にナクル湖に隣接するナクル市は急拡大が続き、人口集中がすさまじい。その生活雑排水の処理が間に合わず、そのため大規模な処理施設の建設が計画されている。きれいな処理水が排出されることの快適さが次の人口集中を加速させ、それはやがて湖の水質そのものを変化させるだろう。

「ソーダ湖は微妙な生き物である」とその研究員はうめくように言った。

なるほど、フラミンゴの主食である藻類は人間がいう「いい水」には育たない、住めないことだってあるといっているのだった。

深酒となった。

次の朝、二日酔いの脳の片すみで「急がなくてはいけません。本当のミリオンを見ないで死んでゆくのですか」と誰かがささやいている。

本当にささやき声が聞こえたような気がしたのである。

それにしても都市に集中する人間の責務として考えてこられた生活雑排水の浄化処理が、結果として自然の微妙なバランスをくずすと知って、私はシュンとなっているのである。

ソーダ湖なんていう湖は魚や昆虫、水草なんぞがとても住めないと逃げ出すような、生物にとっては劣悪な環境なのに、その劣悪さの中にある種のバランスがあり、それがある種の生物たちの楽園をつくるという事実を湖は静かに物語る。

私のフラミンゴに対する想いは恋の病に近くなっていた。

ある番組制作会社の人物からロケハンを頼めないかと打診された。

行先はナトロン湖ですとこともなげに湖の名を告げた。車やその他の手配はもうついていますとつけ加えた。

当時ミリオン、ミリオンと熱にうかされ、つぶやく私に多くのアフリカ通はナトロン湖しかありませんなあと答えて逃げた。

そこは東部地溝帯の一部でマサイの聖地、オル・ドイニョ・レンガイのすぐそば。ケニア、タンザニアの国境をまたぐ地にある。

ナトロン湖はフラミンゴのアフリカ最大の繁殖地として有名である。うわさによると二〇〇万羽を超えたこともあるという。

万難を排してでも、となった。

頭の中であれは中止、これはあと回しとたいして忙しくないのにそうではないふりをして時間調整。あっという間に八日間の捻出に成功、出発となった。

ナイロビ乗り換え、キリマンジャロ空港へ。タンザニアである。

同行するコーディネーターのオーマ氏、ドライバーのジュリアス君の出迎えを受け、旅の始まりを実感する。

二人とは一度、東西のツァボ、アンボセリのナショナルパークを旅したことがあるので気心知れている。

車はジムニー。日本車である。車体 No.10 KKA 142-T。車種名はサムライ。

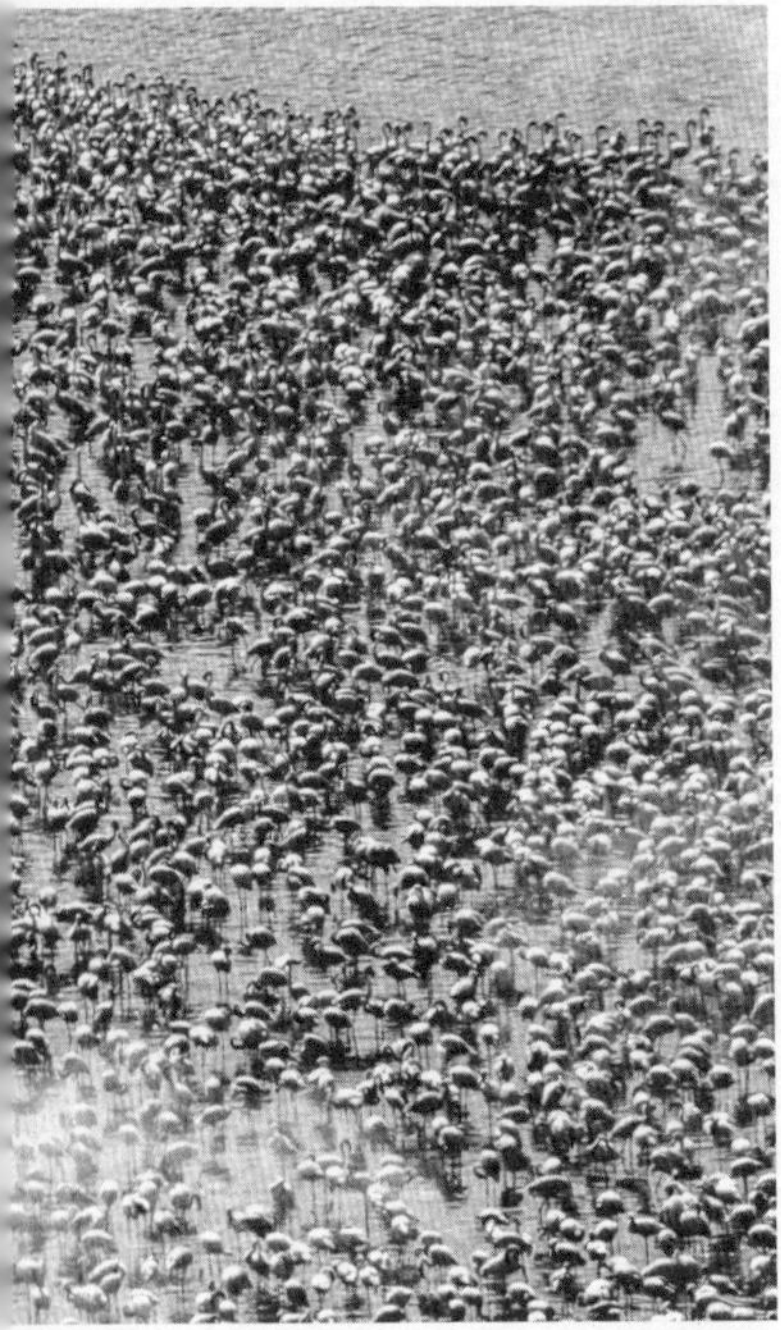

出発となったが、持ち込んだムービーの機材が王様気取りで人間の方が小さく、小さく。

途中ナトロン湖への地理に詳しいという青年、E君が乗り込むと何かを車外へと、作業と工夫が続く。

142-Tサムライは名は勇壮だが日本仕様とあまり変わらず、軽自動車の名残りプンプン。

身長一八〇をはるかに超すオーマ氏が乗るとギィーときしむ。彼はルオ族である。

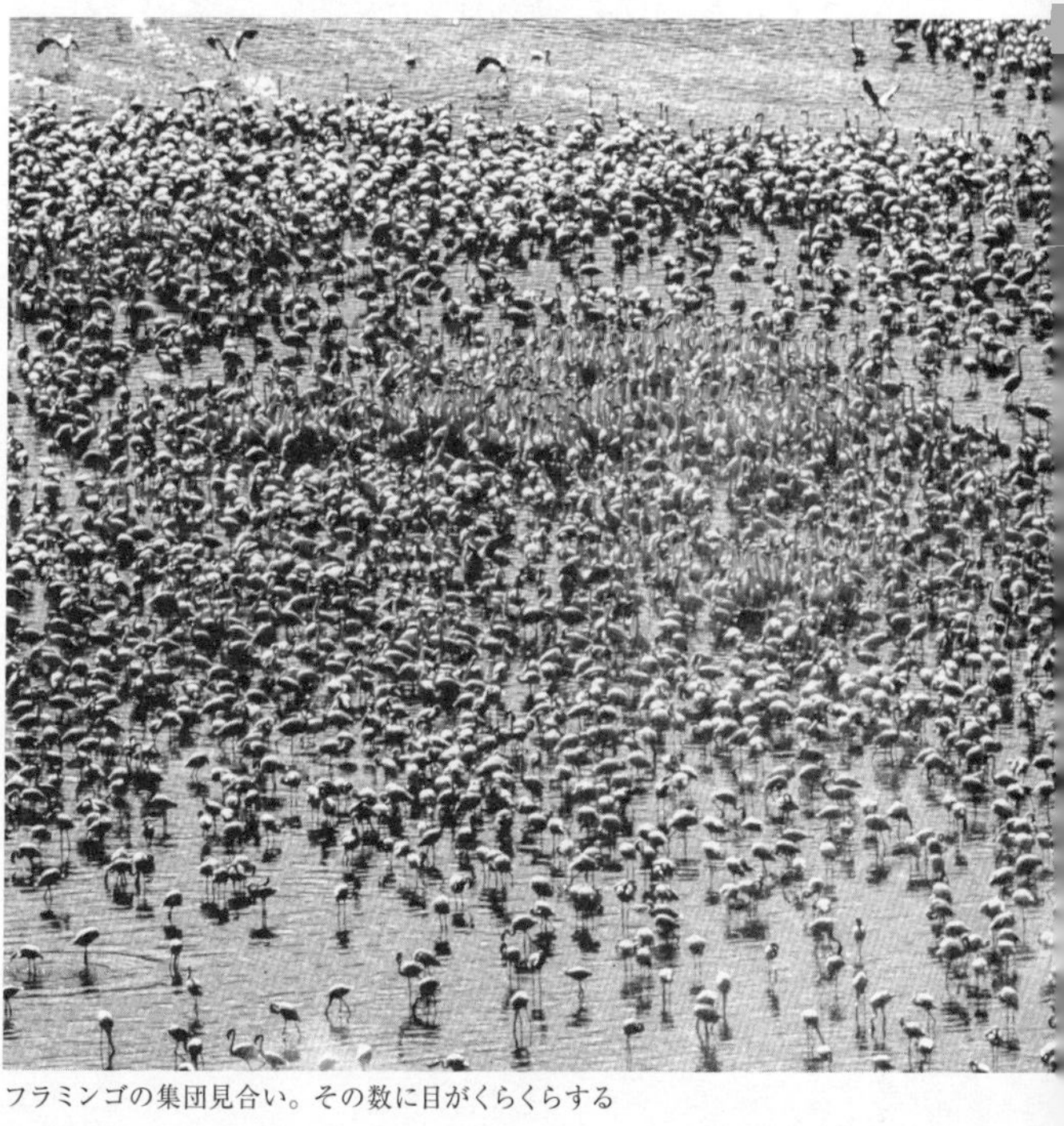

フラミンゴの集団見合い。その数に目がくらくらする

食料、飲み物、予備のガソリン（予定の半分とした）、私の好きなビールはムリ、無理と言われて、悪い予感がした。

サムライは四人が乗ると悲鳴をあげた。

出発は遅れに遅れた。多くは車の整備であった。

いざ、出発となる。ナトロン湖着は四時半かなあとジュリアス。

マサイ語でいう草の海、セレンゲティの入口手前を北東へ折れる。

ここからはE君の支配下へ。

悪い予感は得てして当たる。

彼は道で時々、本当に時々しか会わない人を見ると車を止めて何かをたずねる。

スワヒリ語でもマサイ語でも、無論英語でもない。そしてブツブツ。

彼はどうやら道を間違えたらしい。

道はどんどん悪くなり太陽もどんどん地平線にかくれようと企んでいる。

E君のブツブツが多くなり、結論としてオーマ氏は「彼はナトロン湖へ行ったことがないのかもしれない」とつぶやく。

目的のキャンプ地が走るだけ遠くなる感じで、あたりが暗くなった時点で「何時に着けるか」と聞いた。

心配ない。着けるとE君。アフリカ的会話。この道をいけばやがては着けるだろうというのである。

道路は山道というより、一日一台位はなんとか通りますと語るほどの荒道となり、時々スタックするので三人は降りて押す。四駆に切り替えたらどうかとジュリアスに言った。

彼は答えず、代わりにオーマ氏が帰りの燃料が不安なので四駆はよほどのことがないと……とうめくように告げるのであった。

家が時々見えるようになったら、ジュリアスは、何を思ったかアクセルをぐっと踏み込む。スピードをあげる。運転も荒い。暴走といっていい。

私の不満そうな顔を見てオーマ氏は声を低くする。

ここに住むヒトは暗くなると夜盗にすぐに変身するからというのだった。漆黒の闇の唯中だった。

PM9：45、サバンナが終わり草原に出た。ここで野宿しようと提案するとオーマ氏「シンバがいます」とぬかす。

ライオンがいて危ないというのだ。では今までスタックの度に三人で押すのは問題なかったのかと私がどなるのに反応なし。

PM10：00、やっと小さな道らしき所に迷い出た。

E君。「着きます。ええ、着きます」とおごそかに宣言するのだった。

PM10：40、キャンプ地に着く。シャワー室ですという四角のテントがあり、そこへ這《は》うようにして倒れ込んだ。

PM11：10、皆んな無口。食事もとらずに、毛布の中へもぐり込む。

迫る睡魔に抗《あらが》うように「明日はミリオンに会える」という言葉を私は呪文のようにとなえていたのである。

AM4：00に目がさめた。それにしても獣の臭いの強い毛布だとブツブツ言いながら首を出す。六張りのテントが並ぶ小さなキャンプ場であった。

目の前に水路。それで顔を洗う。

ソーダ湖特有の臭いがして、かけ出したくなるような衝動が体を走る。

ミリオンが一〇キロメートル先の湖にい

私は黒くなり彼らは白くなった

る……と。

朝食もそこそこに出かけたナトロン湖は静かだった。

フラミンゴはいなかった。

立ちつくす私たちに、若い個体なら二〇〇〇弱はいるかもしれない……と地元の人、人。そして最後は忘れない。「どうして、今頃来たのだ」と問う。

繁殖は五月に終わったというのだ。それも例年どおりとつけ加え、最後にとどめのひと言。

「今年は一〇〇万羽は超えてたなー」

それでも私たちは次……そんなものはないだろうと思いながらフラミンゴの「フ」くらいは理解しようとたずね歩いた。

どこでも半分同情、半分あきれ顔で、この季節はずれの客をなぐさめて終わるのであった。

私が日本を出発したのは、六月四日だった。

手に入れたものは……そんなもの情報ではありませんといわれるであろう、ほぼ毎年三月から始まり五月に終わるという繁殖活動の様子と死んだ七羽のヒナの死骸だけであった。

湖にはその日一日いただけだった。

迷い過ぎたために消費したガソリンがどうしても手配出来ないとのこと。そのためにロケハンを徒歩でやるしかなく、皆んな体力に限界を感じていたことなど、まあ、そんな、などなどが理由であった。

一番の理由は恋人がいなかったからである。

帰途はジュリアス君の知っている道をたどる。

雨季だというのに雨があまり降らないらしく道路は五センチ程の火山灰がつもり、まき上がると前が見えない。前を車が走るともう悲劇としかいいようがない。

出発して二時間もしないうちに車内は灰でまっ白になり、悪路ではねると呼吸困難となった。

バオバブの木があったのでそこで記念写真をと車を止めた。

車外に出て皆んなゲラゲラ笑った。

灰で体がまっ黒であった。いやまっ白になった。

私はアフリカ人に、三人はアジア人の仲間入りの顔をしていた。

三人のアフリカ人は大喜びで、ドクターと兄弟になれたと肩を組んで舞った。

ホテルに着いてオーマ氏の娘さんの死を知った。入院中だったという。携帯電話がアフリカに登場するにはまだ、一五年が必要だった。

# 第五章

# オカピのふる里

＊

昔、表紙もないほど使い込んだ古い雑誌を見た。

雑誌の中にあった一枚の絵を見た時、子供が描いたものに違いないと思った。きっと先生に「アフリカの生き物で一番好きな動物を描いてみましょう」と言われたのだろう。

動物園で見たのか、図書館で見たのか、また友々の頭の中にあるものが、会話のなかで断片的に登場し、それがその時ふと思い出されたのだと思ったものだ。

「オカピ」と三文字がそえられていた。これとて子供の創作だと決めていた。

後年、そんな変てこな動物がこの世にいることを知って驚いた。

簡単にいえば頭部はキリン、首から背中はウマ、下肢はシマウマ、蹄《ひづめ》はウシだと説明している。

生物学者になりたかっただけの私は「進化の神があまりに新種を造り過ぎ、疲れ果てて手抜きをして造った動物に違いない」とつぶやいていた。

現実のものと知ったのは一冊の本。ずっとずっとあとのことであった。

『世界動物発見史』、ヘルベルト・ヴェント著（平凡社刊）である。七〇〇ページ超の厚い本。

面白い。新しい種が世間に登場する前後の物語が学術書というより私には読み物として迫ってきて、一時期、ページを開くことが毎夜睡眠前の習慣となった。

オカピ発見の物語がある。


コンゴの奥地、イトゥリの森（現・コンゴ民主共和国）。雨林である。

そこは発見されるのを待っている未知の動物たちの住処《すみか》と表現される地だという。

そこで事件が起きた。

その森にはかつてピグミーと呼ばれた狩猟採集民が住んでいる。成人男性の身長が一五〇センチに満たないために不幸な事件にまき込まれる。今も昔もどこにでもいる商売上手な興行師が、この森の民を一種の見世物としてパリ万博に展示しようと連れ去ったのである。

当時国際的にあった人身売買に関する規定違反で、すぐに政府が動き興行師を捕まえた。

その時の調書の中にこのムブティ族（ピグミー族のなかでイトゥリの森に暮らすピグミーをこう呼んだ）の情報の一部として、アティと呼ばれる葉食性の森林ロバの記述がある。

アティの体の一部を使ったムブティのお守りの腰ヒモになったものがそえられ、その不思議な生き物が報告された。

一九〇〇年のこと。アティは森の民からはオカピと呼ばれていることも正式に発表された。

ジャングルから伝説の動物が……とイトゥリの森が正に、発見されるのを待ち続けた未知の地の本領を発揮し始めたのであった。

珍種オカピがロバのようにウマの一種ではなく、森林性のアンテロープ（インパラやコーブの仲間）の一種であることがニュースになり、一九〇一年には一頭まるごとの毛皮も登場してアメリカ・ヨーロッパの研究者がイトゥリの森へ殺到した。

当然動物園協会もこの騒動に参加したの

オカピは貴婦人に見えた

は当たり前といえた。

それでもオカピの第一号が動物園にやって来るのは第一次世界大戦が終わってからで、一九一九年八月九日のことである。宗主国であるベルギー・アントワープの動物園であった。


一九八七年、初夏。

草深い……といったら友々からおこられそうだが……道東の小さな町に四人連れの客がやってきた。

ひとりはアフリカ人であった。

ザイール共和国（現・コンゴ民主共和国）の日本大使ムライリと紹介された。

私は困った。ザイールという国を当時はほとんど知らなかった。かすかな一片として知っていたのは、独立間もないコンゴ共和国（のちのザイール共和国）で、一九六一年一月に殺害された初代首相ルムンバの無念さくらいだった。

日本の田舎者としての接待。焼肉パーティーでもてなした。ジンギスカンである。

添加したアルコールが効いたのか、話がどんどん大きくなって会が終わる頃、ザイールへ行きましょうという気分になって、オカピに会いましょうと乾杯し、合唱していた。

いつもこうである。

次の年、私たち、一行六人はサベナ航空でザイールを目指した。

一行六名を紹介すると惣川《そうがわ》修さん、野上圭子さん、小原信之さん、奥田兼久さん、私それにカミさんである。

惣川さんはTVのディレクター、野上さんはアフリカ、特に仏語圏のアフリカに強い女傑と聞く。カメラマンの小原さんはその数年前、コンゴ川を源流部から川口近い首都キンシャサまで舟旅をした人物で奥田さんはその助手、それに私とカミさん。カミさんは初めての海外旅行でありむろん初めてのアフリカであった。

ベルギーの首都ブリュッセルで一泊し南下、キンシャサに着いたのは夜であった。空港には農林大臣が一家で出迎えにきていた。次の日は日本でいう通産大臣の家で夕食だと知らされた。

全てが野上さんの手配。彼女の凄《すご》さがさらに分かってくる。

キンシャサで三泊して東部のゴマへ。

いよいよオカピが近くなっていた。

ゴマは美しく静かな落ち着いた町であった。往《い》き交《か》う人の姿を見なければそこがアフリカであることをすっかり忘れさせた。

アフリカのスイスと表現した人があると聞くが、私もそうだとつぶやいて……苦笑い。私はまだ一度もスイスの地をふんだことがないことに気づいていたからである。

その地で二日間。

飛行機をチャーター、車の手配、食料、そして換金。通貨ザイールのレートの悪さに私たちはひとかかえとなった現金を積み込み、飛行中手分けして数えるという金持ちになったようなそうでないような妙な幸福感(?)を味わってオカピの森へ。

目的地イトゥリのエプルのステーション(保安管理事務所)はマンバサにあると聞いている。

途中、眼下に雪におおわれた山々が現れた。ルウェンゾリ山塊という「月の山」と呼ばれるアフリカ第三の高峰である。

マウンテンゴリラの住む山だと聞いていたので、そのうちきっと……なぞと恐ろしいことを考えている自分に気づく。

機首を下げ着陸態勢にはいったのにそれらしき地が見えない。

パイロットのブツブツが始まる。

「ここかなあ、このあたりだったがなあ」とつぶやいていると、野上女史は通訳した。彼女はフランス語の通訳を兼ねていた。

窓の外を見るにそれらしきものは全く見えずサバンナの風景が続く。

そして数分後。「ここいらであろう」とおっしゃっていると女史。

「ソンナー」と合唱したのは窓から下をのぞく我々男どもだった。

そこは立木の少ない牧草地であった。

そこが目的地、マンバサ空港であった。国際という名がないだけに、なにひとつない牧場だった。

しかし機外へ出て驚いた。

大勢の人である。思わず後ろをふり向いていた。しかし姿を現したのは私たち六人である。

車で私たちを迎えに来ていた人に聞くと、私たちを見学に来たのだと言う。迎えではなくながめに来たのだというのだ。

「まあ、やじ馬ですナ」とその男性は言い放った。「毎度のことです」とのひと言を忘

ムブティ族の集落をたずねる

れない。「飛行機の来る度に集まるとは大変ですネー」と当方は同情するに、その男は「皆んなヒマですから」と笑うのだった。

ところが、あとで知ったことだが集まった人々は、私たちのチャーター機の飛来を知って滑走路の整備にかり出された人たちだった。手に手に鎌を持って来たと聞いた。機を迎えたのはその労債を要求するためだった。

それにしても集まった人々の姿は個性的であった。カラフルで、出かける時はありったけのものを身につけるというアフリカ人特有のファッションに我がカミさんは感動している。私は初めて見る個性的な髪形に思わずカメラを向けていた。

野上女史はフィルムが足りなくなりますヨと笑った。

私たちのチャーター機を見送る草刈りの人々

旅は始まったばかりと言うのだった。

エプルのステーションはイトゥリの森の入口コンゴ川の支流、エプル川にそって建っていた。

二五名のレンジャーが常駐し、ゲートの入口でレクチャーを受ける。

入口には三つの箱。のぞくと三種のヘビが各々にとぐろを巻き、当方をにらむ。毒ヘビだと言う。箱それぞれに数字があり、噛《か》まれたらこの数字の分以内に血清をうたねば逝くと言う。行先はあの世であるとニーと笑った。数字は18・49・180とあった。

数字を見て私たち夫婦は出発の時に、加藤利久さん・伊藤三七男さんの二人の友からプレゼントされた長グッツは手離せないと話し合った。

「血清なんてあるはずがない」とつぶやく女史の声が聞こえたのである。

「研究者たちのための宿舎」が私たちの宿となった。

夕方カミさんがニコニコしながら外から帰ってきた。

「可愛《かわい》い子供たちヨ」と言って、トランクを開ける。キャンディを取り出しポケット一ぱいにしてまた出ていった。窓から見ると小さな子が六人、大きな腹と大きな目を見せ彼女となにやら話をしている。ムブティ族の子供たちだ。仲よくなったらしく暗くなってからうれしそうな顔で帰ってきた。

私は次の朝のことが想像出来た。予定(?)通り窓の外で子供たちの声。まだ暗かった。ほっとした。初めてのアフリカを楽しむカミさんの姿に安心したのである。

その日、彼らの居住地をたずねた。

質素な小屋が並ぶ。彼らの住居だった。狩場を求めて転々とする人々にとってそれで十分なのだろう。

時々夫婦ゲンカをすると火事になる。妻が火をつけるのだという。放火である。ストレス解消、ケンカはこれで終わる。次の日、前より立派な家が建っているのだという。そう、一日で完成する住宅であった。

ステーションは一九二八年頃から建設が始まったが、中断は何度も。

私たちが行った時は、管理代表者は所用で不在。相方のローズマリー・ルーフさんと数人のスタッフがいた。スイス人だと聞いた。

それに三八名のムブティ族の男性たち。

体は小さい。成人の男性

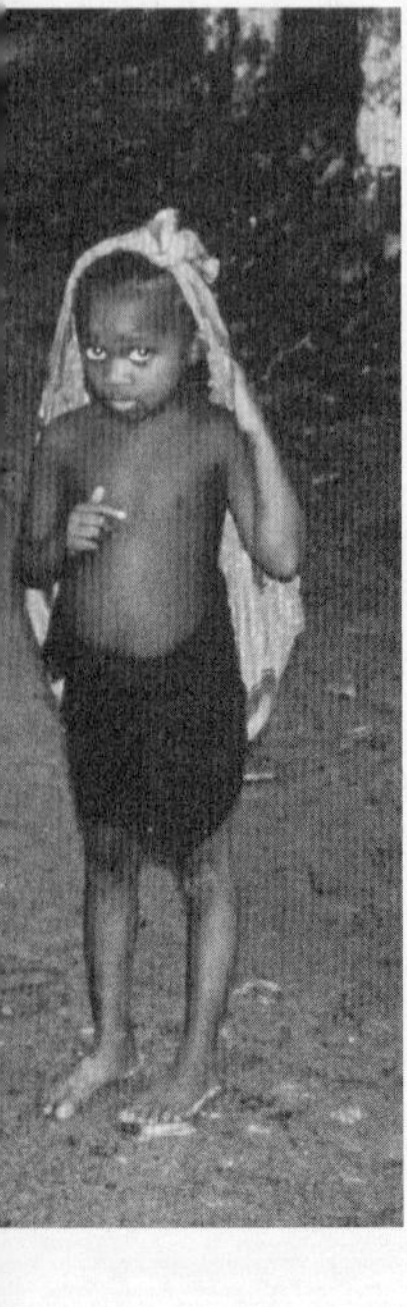

でもせいぜい一四〇センチといったところ。目が大きく人なつっこい。

　オカピの捕獲、馴致《じゅんち》を目的とする作業の多くはこの狩猟の民ムブティの人たちが担当している。罠猟《わなりょう》を特技とする狩猟民だという。

　捕獲は森の中の通り道に仕掛ける落とし罠で、である。

　目的とするオカピの大きさに合わせて通り道に穴を掘る。ぴったりのサイズでないと落ちたオカピがもがき傷付く。そこでピッタリが必要となるのである。

カミさんの友達となったムブティ族の子供たち

獲物がかかればその穴の上に檻《おり》を造り、穴の中に土をもどす。静かにもどすのだと声をひそめて説明するのがおかしい。好感がもてた。狩猟の民の心がにじんでいる。そこで一週間あまり、餌を与え馴《な》れさせてから移動用の檻に移しステーションに運ぶという。

次の日から三八名総出の食料探し。

オカピは草ではなく木の葉が主食。三一種以上食べると言われているが、ここでは二四種を与えていると説明された。基本的にはひとり一種の木の葉集めが毎日行われているということになる。

作業は早朝から、九時近くになって食料隊が帰ってくる。皆んなひとかかえの葉を頭にのせて一列となって帰ってくるのだった。

それをまた別の係の者が集積場でチェック。

そして周囲を網で囲まれたオカピの放された森へと運ばれてゆく。あとは飼育係の仕事だ。

ここで馴致されたものが世界中の動物園その他へと送られてゆくのだった。

私がたずねた時はステーションには五頭のオカピがいた。

早朝、雨季のイトゥリの森は霧でおおわれる。その霧の中からゆっくりと現れる姿を見ると息をのむ。美しい。貴婦人である。神の手抜きで生まれたに違いないとホザいた自分がはずかしい。

かつて行政官を前に説明を求められたムプティのひとりが「美しい、そして美味《おい》しい」と答えたという話が急に思い出されていたのである。事実美味《うま》そうでもあった。

レンジャーの一日も見学した。

軍隊である。たったこれだけと思うほどの人数で、広い地、深い森、そして今でも紛争の絶えない大陸の代表と位置づけられる地の保安はとてもおぼつかない。

その志に頭を下げるしかない。給与が驚くほど低いと聞いたから余計にそう思うのだった。

戦争とは少し違う。はっきりした相手が見えない。狩猟が生業の世界に時々法というものが顔をみせ、違反となったら犯罪となるのである。

そこで正義の管理者の苦しみが分かるような気がして、同情していたのだった。

ステーション最後の夜、前夜のごちそうのお礼に日本風のお礼の会をやった。

持ち込んだ品々、のり、納豆、そば、赤飯となんだかとりとめない料理だったと思う……こう表現しないと野上女史やカミさんが怖い……が大喜びされたことは事実である。

ローズマリー・ルーフさんの自宅にオウムとチンパンジーの子供がいた。売りに来た男から買ったのだという。

急に北海道を思い出していた。我が家にも傷付いたり、病気になった野生のものたちが入院している。

子供たちにそれを頼んで出てきたカミさんは獣医師の想いとは違うものがあるのだろう。時間があると声をかけ、手を出していた。

連れて帰りたいと言い出すのではないかと心配した。

私はまた別なことを思い出していた。

それは映画『Out of Africa』(『愛と哀しみの果て』)の原作者イサク・ディーネセン(本名カレン・ブリクセン)の夫、ブロル・ブリクセンのことである。

一九二三年、彼も五〇人を超える人数のキャラバンを組んでこの地へ遠征している。

そしてイトゥリの森でキャンプした。

その時、彼もオウムとチンパンジーの子供を手に入れた。

そしてオウムに言葉を仕込んだ。数ヶ国語で同じ文言。

「くたばりやがれ!!」だった。

彼女に何か言葉を仕込んだか聞こうとしたが止めた。少し恐い。

一九九七年一一月、オカピが横浜のズーラシアに来園、次いで上野動物園にも。

二〇〇六年一一月。上野動物園で私は気品に満ちたその美しさに再会。イトゥリの森が体いっぱいに思い出された。

# 第六章

# カバの国探検記

＊

アフリカを東西に分けようとする地球の企みの現場、地溝帯。

第四章でふれた東部地溝帯と呼ばれる地があるのだから、西部というのもあるに違いないと思っていたら、あった。

それがイトゥリの森に隣接する一帯で、西部地溝帯、別名アルバーティーン地溝帯という。

ルウェンゾリ山塊群の西麓に広がり北はアルバート湖、南はタンガニーカ湖に連なる一四八〇キロの地溝にエドワード湖、キブ湖をだきかかえ、元気のいい活火山ニーラゴンゴを持つ。

山岳森林帯、高山帯、湖沼湿地帯、そしてサバンナ・草原と変化に富んだ地なのである。

研究者たちはその地を「現代のノアの方舟《はこぶね》」と呼んだ。珍種、希少種、時には新種と神の企みの隠し場所である。

その中央部にヴィルンガ・ナショナルパークがある。

何でも見たがり、触れたがる獣医師が行きたいと言い、行きましょうとなって実現した企画である。

たっぷりの時間をとTVディレクターの惣川修さんが用意した。

ザイールは遠い。その地を旅する日本人は少ないときく。イトゥリにあるエプルのステーションで、当時としては初めての日本人ではないかと言われたほどである。ならばと「方舟」の乗客たちはぜひに見たいものと気負ったのである。

ロッジはパークの中央部にあった。名はルインディ・ロッジといった。

一度泊まったことがあるような気分になったのは建物のせいだった。白い円塔の上に草ぶきの屋根がのっている。

部屋に入って、「そうだ……」とつぶやいていた。

タンザニアのアルーシャ・ナショナルパークのモメラ・ロッジと同じつくりだと気づいたのである。モメラは映画『ハタリ!』のロケの現場でロッジは映画の出演者、スタッフ用として建てられた宿泊施設であった。

私が泊まったのは一九八六年で、ロッジの歴史の説明を受けて、ジョン・ウェインのファンであった私は、未《いま》だどこかに臭いが残っているのではないかと鼻をヒクヒクさせた思い出がある。ルインディがいかなる歴史を持つのか聞き忘れたが、大きなバブーンが一頭、いつもロッジの管理官のような顔付きでウロウロしていた。

その一族か、数頭が毎日部屋の入口にやってきてカミさんをからかった。洗濯物をどこかにかくそうとするのだった。下着が一点、行方不明だという。

プールをのぞくと、若い女性が泳いでいる。そばでバブーンの若者がその水をのんでいる。

平和な風景だがカミさんに言わせると、油断のならない敵に囲まれた日々だという。

そのうちパンツをはいたサルが現れるかもしれない。

パーク初日の夜、次の日から私たちを守るレンジャーが

やってきてレクチャー。

「カバは人を殺します」と開口一番言った。そしてカバはどこにでもいますとつけ加えた。

　レンジャーの名はジョコボ。ミスター・ジョコボはザイールは水の王国ですと胸をはり、カバの王国でもありますと、これは小さな声で続けるのであった。チョロチョロの小川、小さな沼でもいます。水溜《みずたま》りにもいますと宣言。

　そしてこのロッジのプールにも……と続けて、夜は特に気をつけるようにとつけたす。

　昼間見た若い女性とバブー

カバはアフリカの大好きな動物の一位となった

ンのシーンを思い浮かべ、あれがカバだったらと、胸がドキドキもするのであった。

夜もすぐ近くで声がした。低く、ヴヴヴヴ、ヴヴヴヴと。応えるようにゲイトの向こう側、そしてプールの方からも。合唱である。

カバである。ロッジは野生に囲まれている。どんな顔でと合唱団をのぞきたいと思ったが戸を開ける度胸がない。

「カバは人を殺します」のジョコボの声がどこかに残っていたのである。小心な私はいつもこうだった。

次の朝、前夜のカバ騒動が話題になると思ったのに誰もそれを口にしない。

疲れてすぐに寝た……というのが答えであった。ミスター・ジョコボの言によるとロッジから五〇〇メートルくらいのところにある沼と採食場からの声だという。

朝は野鳥の声で起きて、夜はカバの歌う子守唄で眠る。

方舟の上は天国であった。

朝食が終わると「方舟」の乗客をたずねる旅が始まる。

ロッジは小高い丘陵の上にある。

三本の道路。どれを通っても低地へ下っていく。沼があちこちにあると、バッファローがいる。ライオン、バブーンのひと群、ウガンダコーブの大群、ペリカン、ズグロアオサギ、オニアオサギ、アフリカトキコウ、マラブー（アフリカハゲコウ）、アフリカヘラサギとメモが追いつかない。

途中で「まあ、いいか」とあきらめて、目で楽しむだけとする。

前夜、私たち夫婦を少し不眠にした張本人たちの遊び場へ。

彼らは温泉を楽しんでいるらしい。

なにせ暴れ者のニーラゴンゴ火山を持つ大地である。どこを掘っても温泉が出る。小さな湧水に手を入れると温かい。「ヴィルンガの湯」と言っていい。

それが流れ集まって小さな水溜り、沼、池そして川となっても元は温泉水である。

ミスター・ジョコボに言わせると彼ら（カバのこと）はお湯が好きだ……となる。

温泉の出る所、どこにも彼らの足跡があった。いや正確には水のある所……と言うべきであろう。


カバのことをスワヒリ語でキボコ（kiboko）という。カバには似合いの呼び方だと思う。我が国では動物園の三種の神器のうちのひとつと言った時代がある。ちなみに他は、ゾウ、キリンであるという。

私のはるかな記憶にあるのは、カバヤのキャラメルであり、カバ園長と呼ばれた西山登志雄さんの歯みがきか何かのイベントの写真であり、獣医学を学ぶ時代は名古屋の東山動物園の重吉、福子の二頭のカバの物語ぐらい。

ついでに言えば、この二頭が我が国のカバの先祖と言うべきもので、日本のカバたちの六〇パーセントがこのカバの子孫と言われている。

どちらかと言えばカバ、バカ、マヌケと言い合った少年時代の記憶で、あまり知的な動物と思っていなかった。

ところが旅の途上でミスター・ジョコボの薫陶を得てカバ、バカ、マヌケは一気に卒業し、帰国の頃は、アフリカの大好きな動物の一位となっていた。

あっちにもこっちにもカバがいて、多くは鼻と目だけを水面に出して私たちが動く度にヴヴヴヴ……と鼻の穴を広げた。川の名はあるに違いないが、なにせ、あちこちからチョロチョロブチュブチュズイズイと集まってだんだん大きくなっただけのようで、どれも同じにみえて、名を問う気にもなれない。

TVのクルーに付くべきなのだろうが、私が一人でチョロチョロするために心配なのか、ジョコボは朝から私の後ろにいる。

私は安心してどんどん水に近づく。川の中心部の木の茂みのそばにいる一頭を撮りたいと思ったからだ。先ほどから頭を出したり沈めたりしているのが面白かった。

目が合った。いわゆる「眼」をつけられたと感じた。

明らかに私を意識し、目をはなさない。

はるか北の海でトドを追った時も同じ目付きの個体に会ったことがある。

そやつは真《ま》っ直《す》ぐ私の乗る小さなボートに突進してきて、ドキリとして腰をうかす私を尻目にスイと水の中に消える。

一度だけではない。三度もくり返したのであった。

あの目付きである。

そう気づいた時、相手は私を目がけた。大きく波立て、向かってくるのである。

「………」と私は身構えた。そのとたん、すいと横にかじを切った。トドと同じだと思ったとたん、水に消えた。

二分もたたないうちに、真正面のパピルスの茂みに顔を出した。あの目付きだった。

突進してきた。ファインダーに血走った赤い眼、どんどん近くなってきた。

間違いなく私を攻撃するつもりだ。私は腰をうかしカメラをそのままに後ずさろうとした。

その時である。

「カチッ」と金属音。ミスター・ジョコボの銃の安全装置をはずす音だった。

気づくと視界から相手の姿が消えていた。

水の流れがほんの少し乱れているだけだった。「カバは人を殺す」と私はジョコボの言葉を反芻《はんすう》していた。

その夜、アフリカに於いて野生動物による人身事故の原因は、カバが一番多いのだという事実を聞かされた。

カバ、バカ、マヌケなんぞの言葉を使うことを止めようとしみじみ思ったものである。

カバは夜行性動物である。

日没前後から食事に出かけ、夜明けに帰ってくる。ヒポプールと呼ばれる集団休息所みたいな所。そこに出かけた。

……六〇頭ほどの群がいた。

夕方、早い者は午後五時頃から動き出す。腹がへっているのだろう。三々五々と散歩に出るような顔付きで動き出すが、よく見ると多くは同じ道を通っているようだ。

ヒポプールには六〇頭ほどの大群がいた

歩きやすい場所を選ぶと当然そうなるということらしい。

みごとな獣道が出来ている。

平均体重一・五トンが大地をふみ固めて造ったもの?

立派としか表現出来ない。アスファルト道路と言える。

それが野を越え、川を渡り、崖を登っている。エッチラコ、ドッコイショである。

食欲のなせる業と思えば感動さえ覚える。

朝帰りに付き合う。

ロッジを暗いうちに出てヒポプールのそばで待つ。

夜が明け太陽が顔をのぞかせる時間が帰宅(?)のピーク。

ドタドタとは帰らない。静かな帰宅である。

唯、水でお尻がぬれる深さになるとウンチをふり撒《ま》き、挨拶をする。

腰を左右にふるのではない。肛門のすぐ上につくオモチャのバットのような尻尾を左右に激しくふって出て来る糞を左右に撒き散らす。挨拶であり、自分の存在の主張でもあるのだという。だからプールのうら玄関といわれる場所には驚くほどの糞の蓄積があり、六〇頭を超す軍団となればプールの中もウンチだらけ。

だが、早朝の水の清《すが》しさに驚く。夜間、主《あるじ》の居ぬ間に太古からのバクテリアがせっせと分解し浄化をしているのであった。無名の方舟の乗客を見たと思った。

あまりの清しさに私はついついなめてみる。

あまい……というのが感想である。ホタルに教えたくなっていた。

プールの一番はずれ、茂るパピルスのかげで小さな子を持つ母カバを見た。

ミスター・ジョコボの説明によると子は雄であるという。

雄だと雄の成獣に襲われるのだそうだ。未来のライバルは小さな芽のうちに摘むというのだ。生き残るのは大仕事である。

「がんばれ」と声をかけたくなっていた。

連日のカバの勉強で疲れたので休息にとエドワード湖の岸にあるヴィッツンビという漁村をたずねる。

ちょうど港は漁を終えて帰ってきた舟で賑《にぎ》わっていた。

舟に積まれた漁果をねらって集まるものたちと漁師のおじさんたちとのささやかな儀式の最中であった。

盗人役の生き物はペリカンとマラブーであった。

魚をねらって陸揚げを待つ舟をとり囲む。

舟の中に首を伸ばし、時々直接漁をしている。

漁師のおじさんがそれに応えて、持った櫂《かい》をふる。ゆっくりふる。気のない動作である。

その気のなさに合わせてペリカンが近寄ったり、離れたりしている。

マラブーも人々の間を徘徊《はいかい》し、何やら口にしている。走ってきた子供にほんの少し道をゆずる。唯それだけ。

気怠《けだる》い平和が満ちていた。

湖畔に小屋が建っていた。食堂だという。

ビールを少々。焼魚定食。ティラピアである。ハシがない、手で食べる。

食堂の窓から湖をながめる。ペリカンがいて、

ヴィツンビ漁村の風景

トキコウ、クロコサギ、ハジロコチドリが遊ぶ。ヒメヤマセミがホバリングを終えて捨てられたドラム缶に止まった。

少しゆれたので何事と目をこらすとカバであった。ドラム缶はあちこちに散在。皆んな生きている。

ヤマセミはカバの背で羽づくろいをする。

沖を漁船が走る。すぐそばで何かがもり上がった。

目をこらすと、ゾウであった。

すぐそばを漁船が通って行ったが、お互い知らん顔。日常ですと言っている。

マラブーが何度も食堂の窓から中をのぞく。

ビールが三本目となって、ティラピアが半身となっていた。

カミさんが外へ出た。何かを持っていると思ったが深く考えなかった。

数分後、食堂のオカミの大声。

何事と外に出るとカミさんが食堂の女主人におこられている。大声である。

同行の野上圭子女史が通訳。

「指がなくなる」と言っているのだそうだ。

どうやらカミさんが食べ残しのティラピアをマラブーに与えようとしたらしい。

この地でも給餌が問題になっているのかと思ったら、どうも違う。

「マラブーは指を食べる!!」とまくしたてた。

先週もフランスの観光客が指を食べられたと。

私は納得した。カミさんはティラピアの残りを指でつまんで与えようとしていたのである。

口の大きいマラブーは「ごちそうさん」と言ってパクリ。

指も一緒に口に入れたのだろう。

フランス人の二本の指がマラブーの口の中に消えたという。

私たちは一瞬で酔いがさめた。

方舟の客人たちは個性豊かであった。

# 第七章

# アフリカに桃源郷があった

＊

私のふる里は九州・大分県。

人間の頭のような国東《くにさき》半島が瀬戸内に向かってつき出している。その北端に位置し美しい海をだきかかえるようにふところ深く湾を持つ。

平坦な地はほとんどなく、東西、南から迫ってきた山塊がそのまま北側の海に落ち込む。

三方の山々は低いとはいえ、ほとんど頂上まで畑として利用。かつてはアワや豆などが栽培されていたのだろうが、私の子供時代はほとんどがミカンであった。

秋が終わる頃、山々が黄金色に染まった。

それ以外のところは竹林であった。数種の竹が茂り、私たち子供は、釣りに使う竹竿は全てそこから調達した。

頂上まで続く段々畑はある種の貧しさを内包していたが、人々の勤勉さを物語った。私は長いことふる里の人々のそれに胸を張っていたのである。

似ていると感じた。

ふる里と同じだと思った。

段々畑が山の上まで続く。すき間なく続いている。

あれはシコクビエ、これは豆。向こうはキャッサバ、その向こうはソルガムだとドライバーのバカ氏の説明が続く。

ドライバーの名について言えば、「バカ」とはなんという親の無責任。同情しようとしたら、同行の野上圭子さんから説明があった。

彼はバカ族で、その中でバカを名乗るのだから相当な名門であろうというのである。

しかし、それはあちらだけの理解というもので、道中私たちは戸惑うことが多かった。当方の思いと違う反応をされるとついつい出てしまう言葉が、尊称として使われるもどかしさにである。「バカ、カバ、アンポンタン」とつぶやいている。

当のドライバー氏はニコニコ顔であったことをつけ加える。

途中、ひと山そのまま緑の草原という地に出た。

放牧場であった。牛が三〇頭程見える。うれしくなった。乳牛なのである。

それはヒトにとって安心の地であることを証明していた。

ここにはツェツェバエが生息していませんと告げているのだ。

サバンナを旅すると、ドライバーから突然車の窓を閉めるように言われることがある。

ツェツェのエリアに入ったと言うのだ。

私も何回か油断して刺されたことがある。吸血昆虫である。

この手のものは北海道にもたくさんいる。夏になると今住んでいる地でもベランダに出る時は蠅《はえ》タタキ持参という時期があり、道東の酪農地に行くと、二、三度、献血することは当たり前で、通行税みたいなものである。

いわゆるヤマトアブ、アカウシアブ。

だがツェツェバエは少し違う。

カイナバヨンガ村全景

いや少しではない。全く違う吸血昆虫なのである。

「あれはヒトを殺す」と窓を閉めろと指示したドライバー氏が決まってつけ加える。

吸血されることによる失血死ではない。

私がアフリカで一番世話になっている宮城裕見子《みやぎゆみこ》さんはタンザニアの奥地で大群に襲われ気を失ったことがあるという。

それでも彼女は死んでない。今でもニコニコ顔で旅人を案内している。

だが……と言っておこう。

一度の吸血で死んだ人もいる。

ツェツェが眠り病（アフリカ睡眠病）を引き起こす。正確にはトリパノソーマ原虫を媒介するということ。要するに原虫が寄生しているツェツェバエに刺されると、その唾液を通じて原虫はヒトの体内に。そしてヒトの血中やリンパなどで、どんどん増殖するのである。

その原虫から出る毒物によって、刺された人は最後は意識を失って死んでいくという恐ろしい病気である。意識の混濁する様子を眠ると表現した。無論、特効薬はない……と言っておこう。

ツェツェバエがトリパノソーマ原虫を運ぶ相手はヒトだけではない。ヌーやガゼル、ラクダ、ウシ、ウマ。血のある所、どこでもと。バンパイアである。ところが長い年月をかけて、このトリパノソーマ原虫に寄生された者は抗体を持つようになった。

持ってない者は新参者ということになる。

それはアフリカの大地ではヒトであり、ヒトによって導入された家畜たち。乳牛の代表種であるホルスタイン種はこのトリパノソーマに弱い。ヨーロッパからアフリカに導入された牛群を次々と全滅させた。家畜が感染するとナガナ病と呼ばれた。アフリカがヨーロッパ文明というものを拒否しているかにみえた。

それが部分的であれ原始のアフリカを残すという結果も生む。いわゆる家畜の導入による自然の改変を防いだと言われるのである。

もしツェツェバエの奮闘がなかったなら、マサイマラもンゴロンゴロも、そしてあのセレンゲティも、ひょっとしたら単なる広々とした牧場として我々の目の前に登場するだけだったかもしれないと思えば、ツェツェ様、バンザイと言いたくなっているのである。北海道の原始を残したのはヒグマだったのと似ている。いわば守護神だと言ってもいい。どこかから何かが飛んで来そうな気分……。

閑話休題。

放牧された牛をみるとブラウン・スイス種である。サバンナで放牧されているゼブー種に比べ、動作もゆっくり、小さな行動にもあの乾燥した地のそれに比べてヒリヒリ感がない。

のんびり、ゆるやかなのである。

それが旅する者の心をのんびりとさせる。

尾根づたいの道を歩くと、眼下に小さな集落。きのこのように並んでいる。きのこと言ったのは家そのものの姿がきのこであり、その散在のありようが、秋口、我が家のうら山でみる「妖精の舞踏場」と表現される菌輪のような並びであったからだ。いい景色だと写真家に変身。ファインダーをのぞいていたら、どこからか太鼓のリズム。

ザイールは音楽であふれている。

ホテルのホール、ロッジの食堂、店先、はては、トイレの中までリズムが流れる。

リンガラ音楽。コンゴジャズとも言われるリズムを奏でる。

決して声高でなく、低く、静かに。アフリカの民族楽器、カリンバだけの演奏だと、時として虫の声かと耳をそばだてることもあるほどだ。

それがこの里でも流れている。立ち止まるとうしろでバカ氏がつぶやいた。

「飲み頃だー、飲み頃だ、テコデンデン飲み頃ダー」と言っているという。

そういえば途中でも太鼓の音が聞こえて、この時もバカ氏が「おばあさんが死んだ、死んじまったヨー」と告げていると説明した。

ドラムランゲージと紹介されるドラムによる情報の伝達で、かつて日本の農村部ならどこでもみられた有線放送みたいなものであった。

機能一辺倒の機器でなく、人のたたく太鼓が言葉を伝える。あれはいい、良かったと今思い出しても豊かな気持ちになる。

「……で何が飲み頃だと言っている？」と私。

「酒です。ビールです」とバカ氏。

「なぬ!! ビール」と声を出したのはTVディレクターの惣川修さんと私であった。

ビールが飲み頃とは……一大事。見合わせた顔が語っていた。

ザイールにはバナナを醗酵《はっこう》させてつくるバナナビールというビールがあると聞いていた。一度は……と考えていた。

それが「ここで」と顔がくずれるのを自覚した。

ところがバカ氏の言によるとどうやらバナナビールではないらしい。本物のビールだという。

雑菌が大手をふって闊歩しているような家並みの集落で本物がつくれるはずがないとあきらめたが、「飲み頃」というのが気になるので谷を下りていった。

「麦酒」である。

昔、ふる里で、何度か飲んだことがある。小学生の頃である。

夏。盆踊りの会場ではどこでも樽《たる》や大きなかめが置いてあり、舞いの輪に入る前にコップにつがれて渡された。

飲んだがうまいとは思わなかった。少しピリッとした酸味の強い飲みもので、「酒

「マズイ!!」の顔

ではない」と一緒に行った友がうなっていた。

それでも途中で喉が渇くと、二度、三度と樽の前に立つ。帰り道、子供ながらも少し酔った(?)ような気分となった。

大人は密造のビールだと教えてくれた。

あの味に近いと急にはるかな時を思い出した。

で……感想。

惣川さんと顔を見合わせて同時にうなった。

「マズイ!!」

でも酒であった。聞くと材料は大麦ではなくシコクビエだと言った。

「飲み頃です」と太鼓で谷間《たにあい》に伝える。人々が立ち寄っていく風景はたまらなくいいものだった。

桃源郷とはこんな所を言うのに違いない。

惣川さんと私は番組名を「アフリカ桃源郷紀行」にしようと話し合った。けれど、なぜか日本に帰るとその話は消えた。「人と動物のごちゃまぜ共栄圏」となった。そのとおりだと思っている。

きのこ村のビールの名誉のためにひと言。

ドラムのリズムに誘われて、きのこ村のあちらこちらに立ち寄る。味はだんだん体になじみ、低いと言われたアルコールも本来の仕事に励み、私たち……惣川さんと私はこの地にもう少しいてもいいと思うようになっていた……と報告する。


大きな村に立ち寄る。美しい村であった。

素朴なきのこ村とは違い集団生活の規制と英知を具現化したような景観に感動した。調和である。

ほぼ同じ面積に区画された地に建つ家々は、ひっそりとそれぞれの家庭の風景を背負って建っていた。

庭の赤い花、パパイヤの木、コーヒーの木、ロープに繋《つな》がれた黒いブタ。風にゆれる洗濯物。

皆んなひっそりと自分のいるべき場所に立つ。

中心部のマーケット。そこだけがアフリカのざわめき。

村の名はカイナバヨンガ。

まるでヨーロッパの古い小さな街に迷い込んだような気持ちになる。これがつい百年前まで、暗黒の大陸と言われた地の本当の姿である。

子供たちと遊び、ブタや卵を抱くカモをからかう。キャッサバを粉にしてフーフーという常食の味を楽しむ。

豊かではないがアフリカの日常を満喫して最後の目的地へ。

北キブ酪農地帯と呼ばれる地がある。

牧場は大小あるというが皆んな大きい。その中のひとつ、カク氏の牧場へ。

見渡す四方が全て彼の所有と聞いて、日本の酪農の中心と言われる北海道東部に住む私が何も言えなかった。どうも桁が違うらしい。

所有頭数二三〇〇頭、

所有頭数二三〇〇頭。カク牧場

主としてバターを生産するという。主力の牛はブラウン・スイス種、軽種馬も二〇頭ほど。

二日間、遊ばせてもらう。

カミさんは「どこを向いても絵はがきみたい」とつぶやいたが、事実であった。

キブ湖のそばにあるゴマの町に住む人はアフリカのスイスと胸を張っていたが、こここそ、そうだと思った。

丘といったり、山と称したりする高地はてっぺんまで放牧地であり、そこをのんびりと牛群が草を食《は》む。絵はがきの世界である。

搾乳量は一頭当たり日量六から八キログラムとのこと。日本はホルスタイン種のため搾乳量が格段に違うから比べても意味はないと思ったが、カク氏の言によれば、それくらいが地力に合っているという。

それ以上を望むと土壌の収奪が進む。本来ならばヨーロッパの牧草種を全面に導入すればいいのだが、そうすれば土地は荒れるというのだ。

今はヨーロッパ種を三〇パーセント位混播《こんぱ》しているが、これくらいでいいのではないかと発言した。

アフリカ人がもう少しバターを必要とするまで、ゆっくり、ゆっくり考えたいと話す。ひたすら増産増産で奮闘する私たちにとって、何か別なものをもらう旅となった。繁殖は人工授精で精液はヨーロッパから空輸するのだと聞いて、この地がヨーロッパの裏庭であることも実感するのだった。

旅が終わった。三週間余の旅となった。

帰国を知らせるためにゴマから国境を越えた。隣国ルワンダに出たのである。八〇年代の終わり、ルワンダは日本の協力もあって通信網はアフリカ一だと言われていた。半日かけて国境を越え、三〇分電話をかけて再び国境を越えた。

電話の向こうで、留守番をする二人の子供が電話ごしにカミさんに報告する。入院患者の日々報告であり、数日前に持ち込まれたハクチョウの処置方である。獣医師は私だと言おうとしたが止めた。子供たちは父親なんぞと話したくないものだと知って長い。

日本が急に近くなっていた。

# 第八章

# アリのいるアフリカ

＊

小学生だった頃の話。

私は虫が大好きだった。珍しい虫というよりたくさんいる虫が好きだった。

きっと遊び相手としては珍しいよりもたくさんいる方が好都合だったということだろう。

アリのお尻の部分に絵具で赤や青の色をつけて、これは自分のアリだと決めて、それが仲間にいじめられないように守ろうと考えた時期があった。

そのためには多くの時間をアリの巣の前で座っていなければならず大変だった。

ある朝、前日に黄色の色をつけた三匹がどうしてもみつからない。心配で心配でとうとう学校へ行くのを忘れた。

それから三日間、すぐ上の兄が学校へ私を送りとどけるという仕事を請け負った。

私は監視下で通学した。

アフリカを旅してそれを急に思い出している。

蟻塚《ありづか》に出会った時だ。

TVで見たり、写真で見ていて予習は十分だったはずなのに、やはり突然目の前に登場した時は驚いたし、感動した。

そしてその城にも似た構築物の地下を想像し、住人たちのドラマを空想した。アリは牧場も持っていると聞いていた。

産室、育児室、食糧貯蔵室、空調室、そしてそこで働くアリたち。助産師さんはいるのだろうか。看護師、農民、技術者、当然軍人だっているはずだ。獣医師はどうだろうかなど考え始めると夜も眠れない。


八〇年代の三月下旬、タンザニアは雨季が始まっていた。

外輪の東側にあるロッジから、ンゴロンゴロのクレーターを下りてゆく途中で何度かツェツェバエらしき大群に出会った。パチパチと車のフロントガラスにぶちあたる。

「ここにはツェツェはいないはずだが……」とつぶやく私にドライバーのワジリ氏がアリであると告げる。

「アリのハネムーン」と続けた。

雨季が始まると蟻塚の住人、シロアリがハネアリ（生殖虫）となって一斉に飛び出す。その集団に会ったのである。

このハネアリがナイロビのマーケットで売られているのを、一度見たことがある。想像よりずっと高かったと記憶する。

無論、食用である。ナイロビに住む友の言によれば酒のつまみには最高とのこと。スワヒリ語でクンビクンビ、というのは何かの本で読んだ。

クレーターへの下り道。そのクンビクンビを狩る集団に会った。

サバンナ・モンキーの小群。

細い木の頂上近く、三頭の若者が手を上に伸ばして何かを招いているようだ。私のいるところから見ると天空の白い雲をたぐり寄せようとしているように見える。

長玉レンズでのぞくと雲ではなく、すぐ近くを舞うハネムーン中のハネアリと気づいた。

飛ぶハネアリを捕らえようとしているのだった。

両手を広げ、時にはたき落とそうとしている。成功すると口の中へ。そしてモグモグ、クチャクチャと。食べているのである。

クンビクンビを食べている。酒のつまみを食べてやがるとうらやましそうな私をミスター・ワジリ氏が笑って見ていた。

ザイール、ヴィルンガ・ナショナルパークのヴィッンビ村の小学校の校長、生徒と一緒にお弁当のおかずを集めるという作業に参加したことがある。

校庭……といっても唯の草っ原で、わずか一時間でなかなかの量のバッタの仲間を集めた。

飛ぶハネアリを捕らえるサバンナ・モンキーの食事風景

昭和二〇年代。ふる里の秋の田んぼで熱中した遊び兼、食材集めのそれ。イナゴ捕り。そのたき火をしてどこかからひろって来た鉄板の上に戦果を広げる。ザイールでも同じ。その香りに腹がグウグウと鳴るのを久しぶりに体験したことから、旅が終わったあと「昆虫食」なるものに興味を覚え、神田神保町の古本街へ。それに関する本は驚くほどたくさんあって、私は破産しそうになった。ともかく面白そうなものを買い込む。

それによるとシロアリの脂肪は牛肉の二倍、タンパク質は同じくらいだと知る。ナイロビの友人に電話をして、あとは味だけだと言うと、「肉よりうまい!!」と友の大きな声。

サバンナ・モンキーの群れは牛肉よりうまい食材を採っているのだった。

両手を天空へ伸ばし、ヒョイヒョイと左右にふって。時々獲物を口へ。モグモグ。うっとり。

春、アラスカの小島で、イヌイットの人たちが渡って来るウミスズメをタモでヒョイヒョイとすくい取っているのと似ている、とつまらないことを思い出していた。

それにしても捕食者たちはシロアリの羽化をどこで知るのだろうか。

これは友人の宮城裕見子さんの話である。蟻塚の前で聞く。

アフリカの人々は雨季が始まるとシロアリはハネアリとなって蟻塚から飛び出すと知っている。雨が降らないと飛び出してこないことも知っていた。いくら巨大なお城に似た蟻塚の入口で見張っていても出てはこない。

ところが、パラパラと雨粒が落ち始めるとあわてて出入口に飛び出てくる。

そこでと考えた。

ジョーロみたいなもので水を蟻塚の上から撒けばいいと。

ところがアフリカでは水は貴重品。特に雨季の始まる直前、いわゆる乾季の終わりは、皆んな水を求めて遠くまで行き、または井戸を深く掘り足す。水は命そのものなのである。

クンビクンビごとき(?)に水を使うなんぞ……となる。

ところがどこにでも知は存在する。

クンビクンビが巣から出てくるのを見た人の話では、パラパラと大粒の雨が降ると出てくるアリは、雨がすぐ止んでも穴に入ることなく次々と飛び出してくる。

ほんの数滴の雨粒でもハネムーンに出ていったところを見た人がいた。

彼はそこでと考えた。

雨すなわち水分でなく雨音を聞いて、それ！　雨だ雨だと浮足だつのではないか……と。

ならばとポケットにひとにぎりの小さな豆を。

蟻塚の上からパラパラと撒いた。

ゾロゾロ、ゾロゾロとシロアリの群れ。

以来クンビクンビ捕りには、小さな豆というのが常識となった……らしい。

これに似た話を「月刊アフリカ」四六七号に八木繁実《やぎしげみ》さんが報告している……ということを読んだことがある。

それによると蟻塚の出入口付近の地面に板を置き、棒でたたく。要は地面を振動させてやるのだそうだ。

追加がある。

時には塚のまわりで人々が輪になって踊ることもあるというのだ。

飛び出すアリたちの気持ちも分かる。人々の踊る足音といえば天が一度に落ちてくるといったアフリカのスコールの激しい雨音そのもの。

誰かがアリの気持ちを知っているらしい。子供に違いないと私は思った。これはいい。

佇立する蟻塚のまわりを人々が着飾って（これは私が勝手に想像しただけのもの）踊り狂う……この表現も報告書にはない……。足元にはハネアリの群れといったシーンを思わず妄想するのだった。

ザイールだったら太鼓をたたく人がいたかも……と余計なことをつけ加える体たらく。

踊り手も子供がいい。それも女性軍が。早乙女の舞う風景を見たことがある。あれは絵になるとクダクダと独り言をつぶやいていたら、宮城さんがひと言。

「蟻番は子供の役目だという部族がある」と言った。

蟻塚からハネアリがいつ飛び出すかを見張るのは子供の役目だというのである。

大人は忙しい。雨季が近づいたからといって四六時中蟻塚の前に立つわけにはいかない。

その点、子供はひまだ（これは私が言ったのではない）。しかも遊びながら出来るというのであった。

事実、「子供には敵わない」と集落の長老は言ったそうだ。

私はうれしくなっていた。自分がこの地に生まれ育ったなら、きっと「君はエライ」と人々に言われたに違いないと思った。

アリのことなら聞いてくれと胸を張って子供時代を送ったはずである……と。母も学校への付添いなんぞの心配をしなくてよかっただろう。

樹上のサバンナ・モンキーの子猿たちの動きがにぶくなった。疲れたのだろうか。それとも満腹になった(?)

下の方の枝で眠る親子の姿。長玉のレンズでのぞくといつの間にかハネアリの姿も消えていた。

アフリカの時間がゆっくりと流れている。

クレーターの底をマガディ湖を左に見て横断、再び外輪を上る。ウィンディGAPをくぐり、出発したロッジの真西に出て、一気にマサイの人々が草の海（セレンゲティ）と呼ぶ地へ向かう。

いつものことながら右側を見る。

いる、いる。

ヒョン、ヒョロリと首を伸ばしている。

上にではなく足をめいっぱい広げて下に伸ばしている。

キリンの採食

キリンである。

ここを通る時、いつも不思議に思うのだがクレーターの中にはキリンはいない。あの地にいたらさぞやいい風景を見せるのにと、勝手にブツブツ。

ウィンディＧＡＰからわずか七、八キロメートル。私でも徒歩一時間半くらいか。ましてキリンならあの長い足である。ヒョイ、ヒョイの距離と思える。きっとクレーターにはうまい食べ物がないのだろう。

そう思って小休止。いつものことである。

キリンが食べているのは背の低いアカシアの葉や若い茎。そういえばこんな樹種のアカシアはクレーターの中では見たことがないような気がする。

そのアカシアの名は ant-galled acacia と聞いた。背丈二メートルくらいのものが多い。

面白いのはどの木も枝々にコブを持っている。持っていると表現したのはある種の昆虫の寄生によって出来た虫コブみたいなものではないということだ。アカシアの木自らの構築物でアリたちのための無料のアパート群である。家賃タダと聞いて驚くのはまだ早い。葉にある蜜腺から甘い蜜を分泌する食事つきなのである。球形アパートの大きさは直径三～五センチ。アカシア自身のトゲをふくらませてつくる。

まだ若いうちにアリ（シリアゲアリの仲間）に好きな所に入口をつくってもらい住まわせるのだ。住人はそれぞれ気に入るように部屋を改造する。

住人としては「攻撃性の強いアリ大歓迎」、という看板があるのかどうか私は知らないが、とにかく屈強な兵に住んでもらう作戦。

「ひとたび事あらば……」、住人の出番となる。出兵である。そのための傭兵である。

「ひとたび……」の多くはキリンの採食行動。あの長い舌をクルリ、ピリピリと巧みに使って枝葉をむしり、ムシャムシャ、フムフムとする。

この時が傭兵の出番である。

ここで強い攻撃性というのが意味を持つ。

キリンの口めがけて一斉に出撃となるのである。

あの巨体に効果があるのかと問われれば、私は即座に「イエス」と言う自信がある。

あれは痛い。しつこい。あとあと……と答えを持っているのである、経験上。

私は「試すのは止めなされ」という意見を持つ。

事実キリンもあの長い首を、大きくふって食事を中断する程である。

乾季が終わる頃、このアカシアの林から静かなメロディが流れ出す。特に日没後、昼の風がその向きを変えて夜の風になる頃、かすかな口笛とも虫の音とも似た、低く長い音が、風に乗ってあたりをつつみ込む。

空家となったそのアリの巣アパートに風が吹くと、玄関を吹きぬけ、窓をなぜるように通過する風が音をたてる。

オカリナである。風の吹きようで演奏は高かったり低かったり、長かったり短かったり。

なにせこの斜面は一面アカシアの林である。球状アパートの数は十万をはるかに超す。

大小十万を超すオカリナが木にぶら下がっているといえる。

ある季節、ant-galled acacia の林は大きな大きなコンサートホールとなるのである。

人々はこのアカシアを笛吹きアカシアと呼んでいる。いい呼び名だとしみじみ思う。

ある年、乾季の終わる頃、末娘と二人で

アリのためのアパート

この地を旅したことがある。

笛吹きアカシアの林に道路からはみだし横転したトラックを見た。

老人がひとり、座り込んでいる。トラックの部品が盗まれないように番をしているのだと言った。

夜は誰ひとり通ることのない、ナショナルパークのエリア内である。もちろんライオンは確実にいるし、ハイエナだっている。少し心配したが老人は心配ないと笑って手をふった。

六日後、帰り道。またそこを通った。

老人とトラックに変化はなかった。

私たちは別れぎわ、「淋《さび》しくないかい」と言ったら、老人はニコリと笑って静かに答えた。

「毎晩、いろんな音楽が聞けて淋しくなんて全くない」と。なんという豊かさ、贅沢。

うらやましいとしみじみ思ってしまった。

アフリカの人の感性に脱帽である。

# 第九章

# バオバブの木の下で

今はもう全てがなくなってしまったが、ふる里の神社の鳥居の前に岡田書店という本屋があった。

やさしいおばさんにあまえて、ほとんど本は立読みですませた。子供の本から、開いているのを見られるのがはずかしい本まで、すみからすみまで立読みした。

おかげで本を読むのが速くなって、友たちとそれを競争した。時々優勝して胸を張ったが、今振り返るとおばさんには申しわけないことをしたと思う。

本好きになったのはあのおばさんのおかげだと、会ったらお礼が言いたい。叶《かな》わないと思えども。

＊

その本屋のそばに大きなクヌギの木があった。時々見上げては、友たちを誘って太さを測った。

三人がかりのこともあり、四人の手が必要な時もあった。ともかく大きかった。

夏が近づくと幹の割れ目から樹液がわき出て昆虫たちを集めた。

カラスアゲハはその木で初めてシゲシゲと見た。カナブン、クワガタ、カブトムシは捕っても捕っても次々とやってくるので、誰も見向きをしなくなった。

ある時、友がハチが集まってきたと言うのでのぞくと大型のオオスズメバチで、夏休みの宿題用にと少し多目に捕ろうとなった。

友が頭を刺された。次の日学校を休んだ。

以来、クヌギの大木は私たちにとっては自然を学ぶ教科書となった。

実を落とし、葉を撒き散らし春を待つ。枯れたのかと思う程遅く芽をふき、黒々と落とした影は九州の夏の日射しから私たちを守った。大木は遠足や昆虫採集に集合する時の目印でもあった。

時代がその木を消したが、その木の下に私たちの子供時代の全てが埋まっているような気がする。

アフリカにもそんな木がある。

バオバブという植物である。

樹の下で多くの人が語り、楽しみ、安心する。

バオバブの木のあるところには、人が住んでいる。人々はバオバブの木に寄りそって住んでいると表現したのは国立民族学博物館の江口一久《えぐちかずひさ》先生である。

事実、アフリカの旅で、あの特有な木を見つけ近寄ると決まって近くに人の住む家があり、道があり、たとえそれがなくても、人々の残した小さな足の痕跡はあった。

人々が少々のまわり道をしてもとその大木の根元に立ち、見上げ、腰をおろし、ひと時を過ごした証。

タンザニア。アルーシャからンゴロンゴロへの道のそばに一本のバオバブの木が立つ。幹が太い。比べて樹高はそれ程高くはなく張り出した枝々が影をつくり、根元に立つとすっぽり包み込まれるような感覚にとらわれる。人間十人横並びになって記念写真を撮っても、左右に幹がはみ出して写る。

十四人が並んだ写真があるが、大木の根元で人らしき者がチョボチョボといるという写真になった。それもそのはず。幹の径は六メートル。大きいもので一〇メートルにもなるというから、腰なんぞぬかすひまもない。

ついでに数字を並べると樹高はせいぜい十数メートルというから、なんともバランスが悪い。通る度に撮るのだから記念写真はその数

だけ物語を持つ。その木は私にとってふる里のクヌギの大木に似ていた。

　かつて「巨人が幹をつかんでエイヤーと根を地中から引っこ抜き、さかさまに置きかえた」と表現された物語を持つ。

　奇怪でユーモラス、造物主の茶目っ気をみると言った人もいる。

　でもこれがアフリカであると私は思っている。手抜きの造物主の落とし物に違いない。

記念撮影したバオバブの木

乾季といえば百日以上も全く雨が降らず、雨季となるとたたきつけるような雨が毎日数時間は降る。日中の気温は四〇度というのは普通で、時には四五度という灼熱《しゃくねつ》を平気で強いる。反対に朝は六度という日も提供する。

でも人々はこれもアフリカ、あれだってアフリカだ、とつぶやきもしないで普通にしている。

何があっても、何が起きてもここはアフリカ、普通のこと。

その彼方《かなた》にバオバブの木が佇立しているだけのことなのである。

その下に寝転んで推理小説でも読みたいと考えるのも普通のことらしく、場所によっては木の下に手製のベンチが置いてある。

腰をおろすとアフリカの人の体格に合わせたのか大きい。簡単に横になれる。見上げると陽光を求めて枝々がせめぎ合い、天空に大きな傘をひろげてみせていた。

昼下りであったのにそこは涼しかった。

ここでなら何冊も読めると思った。

「アフリカの旅人はなんとも……」。うらやんでいた。

二〇〇七年二月末、娘と二人で岩絵を見るために、タンザニアの内陸、コンドアへ出かけた。

途中、ベンチが五脚並んだ、お化けみたいなバオバブの大木があった。休むことに決めた。

休むといってもそこは旅人。あちこちを探る。

根元に入口があった。中は洞となって祠《ほこら》みたいだった。もぐり込むといった感じではなく、腰をかがめず堂々と出入り出来る。

広い。空間の径が三メートルはゆうにある。天井に円形の窓がある。二ヶ所。人々がたき火してその中で寝ることもあるらしく焼けた木片が残っていたし、寝床として使ったのか枯草の小山があった。

コウモリが棲《す》むとドライバーのワジリ氏が説明したが、私はまん中でとぐろを巻くニシキヘビの写真を見たことがある。

窓らしきものがあるので外をのぞく。人間が手を加えたものでなく、昔、枝があった場所に違いないと思った。私たち二人が外を見る姿をワジリ氏に撮ってもらったが、十分その窓には余裕があり、あと数人は一緒に外をながめることが出来る程の大きさであった。

天井の窓も枝分かれの時に出来た小さな割れ目が、木が大きくなるのに合わせて、どんどん広がってきたものらしい。

なにせ年に三センチも太くなるといわれる幹である。どこかにひずみ(?)が出ても無理はない。……とここまで書いてこの木の樹齢を考えてみた。

径は目算三・五メートル、（空洞の外側の外皮の厚さを二五センチと仮定した）とみる。一〇〇年。

幼木の頃は別として、ほぼ一〇〇年間、人間と語り合ってきたことになる。

恋を語った若者の声をどう聞いたのか、雨にぬれた旅人の話はなんだったのだろう。ひがな一日、座り込んで唯あたりをながめるだけで去り際に「今日はいい日だった」とひと言つぶやいた老人はいなかったか、ドロボウの隠れ場所になったこともあるかもしれない等々、語ってもらいたいことはいっぱいある。

本を一冊書きたくなっている。

コンドアまでの道中、バオバブの大木はいたるところにあった。

多くの木の幹に白いペンキで182とか304などと数字が書いてある。大学でバオバブの調査が始まっていると岩絵のある場所への道を教えてくれたお兄さんに聞いた。彼は道端にザルを並べてゆで卵を売っていた。

畑のまん中に恬《てん》として突き立つ大木に会うと、人々のその木に寄せる気持ちが分かったような気分になるから不思議だ。

「バオバブの木はすてるところはどこもない」とそのお兄さんは言った。

皆んなはこの木の全部を利用させてもらっていると続ける。葉、実、樹皮、そして水。葉、実、皮はなんとはなしに分かる気がするが、水とはなんだと聞くと、西の地方では幹の途中……（地上四メートル位だそうだ）にまず横穴を開け、まん中あたりを今度は下方に向かってくり抜く。横穴も縦穴も径一メートルというから、ともかく大工事である。縦穴が深さ一・五メートル位になったら、あとは水が溜《た》まるのを待つのだそうだ。大風が吹くのを待つのかと聞くと、若者は「どうして？」と、不思議な問いを返す東洋のおじさんを見上げた。

横なぐりの大風でも吹かないと雨がその大木の穴に入るのは難しいのではないかというのが私の素朴な気持ちであった。

彼は私の真意を知ると笑って手をふった。「木が水を生むのです」

ここで年に三センチも生長する幹の材質がその大役を担う。

毎日、ニョキニョキ、プリプリと上へ横へと大きくなるのだから、どうしても粗いやわらかい。スポンジ状である。力持ちでなくても驚く程の大工事が可能なのだ。

年中大きな温度変化のない赤道直下のこと。そのためバオバブの木は年輪を持たない。だが暑い地のため水分はいくらでもほしい。細い水道管みたいなものが、太い幹いっぱいに束ねられたような構造となるのである。

その水道管の束をヒトは切断する。水は切断された部分の上からは落ちてくる、下からは湧いてくる、ということになる。

こうして人々は水を確保した。水を得るために、穴に向かってハシゴがかけられたバオバブの絵を見たことがある。

アフリカは広い。それを真似たものがいる。

大きいもの同士と考えたかどうかは知らないがゾウである。

乾季、水を求めて、ゾウもバオバブの木に大きな穴を掘った。そしてそこに溜まる水を飲んだ。

幹にまるで窓のような大きな穴をあけられ、向こうの風景が見える木、根元に子供なら腰をかがめず自由に出入り出来る戸口のような空間を持った木もある。なかにはそれを大きくし過ぎて、倒れてしまったものもある。

なにせ、大工があの巨体で力自慢のゾウである。ついつい力余ってのことだろうと勝手に同情。

ここまで書いて私は気づいた。

ゾウはヒトの真似をしたのではない。人間がこれらを見て真似たのだと。頭を垂れよう。

タンザニアの北部にタランギーレというナショナルパークがある。私の好きな地である。

初めてのアフリカの旅の時から思い出の地となった。

面積二六〇〇平方キロメートル。タランギーレ川の流域に広がるサバンナの丘陵地。

壮観なのは林立する、樹齢数百年以上のバオバブの巨木群である。大きいもの同士(?)ゾウの数も多い。

宿は古典的なテントロッジ、タランギーレ・サファリ・ロッジである。近年はエレファント・サファリ・ロッジとも呼ばれている。

並ぶロッジの中央部に巨大な一本のバオバブの木がある。大きい。いつ見てもなぜか安心する。二〇〇六年五月のサファリツアー。群馬から桑原由美子さんが参加した。カメラを持たずに参加した久しぶりのツアー客で代わりに携帯電話を持っていた。それで写真を撮る。私のバカ高いカメラと同じ写真がそこに残っていた。

私は初めて時代の変化に驚愕したのを憶えている。

彼女は着付師であり、茶道、華道の先生でもあった。

出発前、TVディレクターの杉本勝博さんがやってきて、彼女が参加するならアフリカで野点《のだて》はどうでしょうと提案された。常々、酒を飲むと「アフリカの人々に日本文化のひとつぐらいは紹介したい」と私がグダグダ言っていたので、彼は「……それをやりましょう」と言うのであった。「ぜひに」と返事をすると、彼女はあっという間に準備ＯＫですと返事。

野点のイベントはそのバオバブの木の下。アフリカの人、ツアー客のドイツ人、フランス人、そして我々日本人総勢三〇人あまりと。楽しい二時間の会となった。

バオバブの木の下での野点風景

桑原さんは日本から茶道具は無論のこと、着物、和菓子と、にくいほどの心くばり。着物は数人分をトランクにつめて持ってきたのである。

それを同行の阿部いく子さん、ガイド役の宮城裕見子さんが着て接待役を務めた。皆んな可愛い。大和撫子《やまとなでしこ》。なんともおだやかな時間となった。私は久しぶりにふる里の岡田書店のクヌギの木を思い出していた。

後かたづけも終わり、ロッジの前のテラスでカメラの手入れをしていたら時々、ビリビリと地面をゆらす音。

ゆっくり目を移動させるとゾウが二頭。テントとテントの間のせまい道を通っていた。当然といった顔付きで。

急に初めてアフリカを旅した時のことを思い出した。

Canon

テントのそばをゾウが歩く

小倉寛太郎さんに連れられての旅だった。『沈まぬ太陽』のモデルとなった人物である。

やはりタランギーレのこのテントロッジ。

その夜は満室だというのに私のテントの両サイドは誰も泊まらなかった。

次の朝、その話をすると小倉さん、少し楽しそうに笑った。

実は私たちの泊まる前日、二頭のライオンがテントのテラスに寝そべっていたのだそうだ。その写真をある時見せてもらったことがある。

一晩中と言った。

そこで私たちの泊まる日はその二ヶ所のテントは使用しないことにしたのだそうだ。

それが私の泊まったテントの両サイドであったというのだ。

平気で泊まれるのはアナタしかいないと思ったから……とは寛太郎さんの言。

「うむ、そうか、ライオン……ねえ」と私はつぶやいていた。

# 第十章

# J・グドールの気分となって（I）

何にでも憧れた。子供のようだった。

情報はほとんど本であった。

特に一九七三年の春に創刊された自然誌「アニマ」は刺激的であった。

それまで散発的にいろんな本のある部分のページを飾っていた、自然からのメッセージが、毎月、それもまるごと一冊、満載されて押し寄せてくるのだから、心はいくらあっても足らなかった。

＊

好奇心のことである。

生態系と呼ばれる分野がかがやき、フィールドワーカーの卵です、と称する若者が続々と登場した時代。

一夜の宿を、一飯の糧を、と私が借りた廃屋に集まり、生態系の何かを、フィールド学の今を語り合う。

少し安酒が入ると、すき間だらけの借家から家鳴りがする程の大声が原野を流れ、「あの先生、大丈夫かネー」と農家の人たちがヒソヒソ、心配したという。

「アニマ」創刊の一年前、京都大学の河合雅雄《かわいまさお》先生がやってきて、当時借りた廃屋の家主みたいな地位にいた北大の院生小川巌《おがわいわお》さん他数人とお酒を飲んだ。河合先生と一緒に来たのが宮崎県、幸島《こうじま》でサルの調査を長年やっていた三戸《みと》サツヱさんの娘さん、梅代《うめよ》さんだったので、勢いサル学の話となった。

そこからアフリカ・タンザニアのタンガニーカ湖畔でチンパンジーを追っているJ・グドール氏の活躍が話題となるのは自然であった。

一九七二年の一一月、平凡社から彼女とH・バン・ラービックによるひとつの報告書『Innocent Killers』が『罪なき殺し屋たち』という書名で出版された。読者である私たちは殺し屋という表現に新しい世界を感じていた。

舞台はタンザニアのンゴロンゴロ。

夢中で読んだ。

そしてつぶやいていた。「いつかきっと」と。

ンゴロンゴロのクレーターの底でのキャンプ生活を夢見始めていたのである。

夢が現実となるには少し時間を必要とした。

ハイエナの日々を紹介するというTV番組の取材に参加するというチャンスがおとずれたのである。

場所はンゴロンゴロという。

私のJ・グドールと殺し屋たちの日々をたどる旅の始まりである。

一九九〇年一二月三〇日。

沈む太陽を追いかけるように西へ旅立つ。

バンコク、カルカッタ（現・コルカタ）、ボンベイ（現・ムンバイ）経由で、まずナイロビを目指し、上がったり、下がったり、その都度飛行機を乗り換え、そのためにゲートを出たり、入ったりと忙しい。

インド航空である。どうやら年末年始、利用客が多くて飛行機が足りないらしい。

とうとう機材繰りに時間がかかるといってボンベイではホテルへと案内された。

ホテルも同じ理由、年末年始、部屋がないと称して、ダブルベッドひとつの部屋へ男二人を。

相部屋と決まったディレクターのSさん

ブチハイエナの家族たち

が、自分は床でと宣言してくれた。

不味《まず》いビール、とその日のノートの最後に一行残っている。疲れていたのだろう。

次の日。

睡眠不足の顔を連れて、機内へ。

そのまま眠る。

肩をゆり動かされて目がさめた。

周りをみても誰もいない。いるのは私たち四人だけだった。

機は一センチも動いていないという。

トラブルにより乗り換えるのだというのだが、それにしても……。二〇〇名はいた乗客の動きに全く気づかずに眠っていたのだった。


四時間遅れで出発。ナイロビへ。

不思議なことだが誰も不平は言わなかった。

旅は不確かなもの。そう思うのが文化人の資質と決めているらしい。

ナイロビは雨。豪雨といってよかった。

空港から出発してすぐに車は止まった。道路がなくなったとドライバー、顔色もかえずにおっしゃる。

雨で道路が行方不明となったと言うのだ。

市街地へ向かう人々が勝手に水先案内を始めたので車群はますます混乱。とうとう動かなくなった。これもドライバー氏の言によると、電気系統がショートしてお手上げである、と両肩を上げてみせた。

仕方がないと四人で押して水の中から脱出しようと散々の努力。全身ずぶぬれ、口もきけないくらいにへとへとになる。

赤道直下とはいえ、ナイロビの夜は寒い。ふるえながらたどりついたホテルのフロントで「ハッピーニューイヤー」と言われて、年が明けていたのを初めて知った。

時計をみると午前二時だった。

散々な一九九〇年が終わったとメモが語った。


ホテルは680ホテルという。

六八〇名までは泊まれますと、自慢気な創業者の顔が目に浮かぶ。

時は、九一年一月一日、元日ということになる。

私は前夜からの熱で起きられない。

朝食ぬきで昼食も食べることが出来ない。夕方、少々気分が良くなったのでホテルの外へと言うと、ケニアのビザがないので外出は禁止だと言う。

「トランジットで立ち寄っただけなのでホテル外はダメです」との御託宣。終日ベッドの中。

明けて二日。タンザニアのダル・エス・サラームへ。

一一時三〇分発というので七時朝食。熱が高く悪寒で立っているのがやっと。それでも空港へ。

正月のせいかゲート前は人々であふれて、殺気すら感ずるほどの混み具合。

それもそのはず、またまた「機は飛びません」の言葉。

「ここはアフリカ、そんなもの……」と思ったがそこはかつての宗主国、イギリスの紳士は「飛ばないとはなにごと……」と顔を真っ赤にして怒っている。

「そうだ、そのとおり」と周りの人々が賛同の大声。その度に人々の体が左右にゆれた。

二人の子供を連れた御婦人がいた。インド人だと言った。

「三日間、全く同じだ」と涙声である。

毎日、「今日は飛ぶ、今日は飛ぶはず、今日は飛ぶかもしれない」と空港関係者は言い続けている……と。

それで私たちはゲートの周辺に泊まり込んで待っているのだと告げる。

三日前から飛行中止の現実に「アフリカでは、予定は未定にすぐ変化する」と言った誰かの言葉を思い出していた。

元気のいいイギリス紳士を中心に交渉が始まり、結局、ホテルと食事を確保し、バスへ。

だがそのインド人の御婦人一家は同行出来なかった。それについてイギリスの青年たちが最後まで抵抗してくれたことが旅の思い出としてのいい財産となった。

悪寒の続く私にとってうれしい気分はありがたいお年玉であった。

夜一〇時出発と聞いた。少し心配になり、長女が用意してくれた抗生物質を一錠飲む。初めてである。ベッドへもぐり込む。

夕方七時、ホテルを出る。もう少し休みたいと思ったが「ここはアフリカです」という言葉で体にむち打つ。

夜の九時、機内へ。すぐ出発。

皆んな手をたたいて喜んだ。インドの親子も手をたたいていた。

予定より一時間も早い出発に誰ひとり、「おかしい」と首をかしげないから不思議だった。

一月三日。

薬が効いたのか、よく寝たせいか少し体調が良かった。そのためか珍しくスクランブルエッグを食べた。

私はどうもアフリカの卵になじめない。

黄身が白いのだ。貧乏人のくせにと言われそうだが黄色いはずのものが黄色でないのはどうもいけない。言い方は悪いが気味が悪いのだ。

原因が飼料であることは十二分に分かっている。自家用は別にして産業としての養鶏はその方式はどこも変わらない。飼料を別途用意する。いわゆる分業である。

主原料はトウモロコシ。

ところがトウモロコシには実の色が黄色の強い種と反対にほとんど白に近い種がある。アフリカは後者を使うのである。

卵黄の色はトウモロコシの実の色素が移ったもの。

分かっているのだがと私は答えるしかない。

黄身が白くては少々楽しめないでいる。

だが、その朝、食べられたというのは体調がもどりつつあったということだろう。

空港へ。タンザニア中央部の都市、アルーシャへの移動である。

例によって例のごとくまたまた、遅れる。

空港内のあちこちにかかった時計。その数六個。調べたら皆んな別々な時刻を告げている。

時間なんぞ、それ程のものであるまいとその時計たちは主張しているように私には思えた。

これがアフリカ時間であると。それもいい。

白い黄身の卵も悪くないと思いたい。

出かける度に近代化し、便利になってゆくアフリカの旅がほんの少し淋しかったが、久しぶりの古典的なサファリを体験出来そうでウキウキの気分となっていた。

体調が回復したらしい。


アルーシャで最終の旅仕度。

レンジャー一名、ドライバー二名。料理人二名、ウエイター一名、ポーター一名、そしてボスと呼ばれる総括責任者、合計八名が合流。

レンジャーはマサイ族で公務員だと胸を張る。

私たちはダル・エス・サラームで合流したコーディネーターを入れて五名である。全員日本人。

車は日本製、ワンボックスカーと呼ばれるバンタイプの4WD八人乗り、二台。ボスが用意したキャンプ用品、食糧のチェックに午後のほとんどの時間を要した。

その夜泊まったホテルで一〇人あまりの日本人の団体に会った。山好きの人々の顔。キリマンジャロへの登山客だった。

アルーシャはアフリカ最高峰、キリマンジャロ（五八九五メートル）の登山口である。

ンジャロはかがやくの意で氷河を持つ。

一月四日。雨である。いざ出発。クレーターの底を目指す。

キャンプ地へ着いたのは午後だった。

この地はンゴロンゴロ・コンサベーションエリアが正式名。

野生と人間の共生の地であると宣言した。

クレーターの長径二〇キロメートル、短径一六キロメートル、底部は海抜約一八〇〇メートル、外輪の高さは海抜約二三〇〇～二四〇〇メートル。高度差五〇〇～六〇〇メートル。急坂のため4WD使用が義務付けられている。

テントの前でくつろぐ私

私たちがテントを張ったのは、外輪の縁に建つロッジの直下で近くにレンジャーの事務所がある。

下調べのため、クレーターをひと回りすることにする。

三時間後帰ってみると全てが完成していた。

私たち用の個人テント五張り、スタッフ用の大型（テントと書こうとしたが、テントらしきものとしておこう）構築物が二張り、それに食堂、シャワー室、トイレ、倉庫と、かつてのサファリはこうあったに違いないと考えられる全てがそろえられていた。

脱帽である。

シャワー室はなぜか私のテントのすぐそばで、夜中でも使用出来ますとボスの言。

シャワー室

感動ものはトイレ。

一度案内してもらったが、次の時も案内を乞うた。分からない。発見出来ないのである。

深く掘った穴の上に草で編んだ座布団のようなふたがあり、用心しないと片足を踏み落とすこと請けあいで、すぐそばに用意したトイレットペーパーのロールに白いハンカチで目印をしてもらった程の出来ばえ。

ザイールのイトゥリの森のムブティのおじさんたちが作った、オカピ用落とし罠の巧妙さを思い出していた。

アフリカの人々の太古からの知恵と技術が、森であれサバンナであれ、人々に脈々と残っていることに感動したのである。

でも問題があった。

私のテントは一連のテント群の一番端、はずれにある。周りはブッシュ。

背の高い草々のただ中にあるトイレはハイエナ、バッファロー、ライオン、そしてバブーン、蛇たちの生活圏でもある。

昼でも恐ろしい。まして夜半は……とつぶやくと、皆んな夜は使わない、ガマンをすると言った。

でもそんなことが出来るのはせいぜい二日間で、いつの間にか夜半でも平気となり、レンジャーの方が少し心配するほどとなっていた。

ここはライオンの支配下にある……と。

クレーターの底は熱い。

日中、テントの中では温度計が五〇度ですぞと告げる。

赤道直下であれば仕方がないとあきらめるも、明け方、今度は寒くて眠れない。温度計をみると六度とある。

くつ下を二枚はいても朝は目がさめて困った。

アフリカは熱くて寒い土地なのである。

起き出し食堂へ。

テーブルの二ヶ所に美しい花。ウエイターの仕事だと説明された。

少ししおれるとすぐに新しい花に替えられていた。

コーヒーがうまい。空気もうまい。

その朝は、夜半にテントのすぐそばで鳴く、笑い声のようなハイエナの鳴き方が話題となった。

第十一章

# J・グドールの気分となって（Ⅱ）

＊

朝、テントの入口に立って、クレーターの全景を見るのが好きだった。眼下に森が広がる。yellow-barked acacia と呼ばれる樹皮が黄色の美しいアカシアの純林である。森が草原に変わるとそこにマガディ湖がある。

ソーダ湖で、いつ行っても群棲するフラミンゴの羽毛の色、ピンクに染まっている。

一日に一度、クレーターの外で生活するマサイが自分の持つ、ありったけの牛や山羊を連れてやって来て、水をのませ、少々の草を食べさせ帰ってゆく。

水場までの途中にはゾウがいてサイもいる。マサイの牛の数にも負けない数のバッファローもいる。

殺し屋軍団ライオン、ハイエナ、ジャッカル、サーバルキャットと多種である。

フラミンゴ、カンムリヅル、ハゲワシ、サギの類、そして無数の小型の鳥たち。

ヒトと野生が当たり前の顔をし、お互い少し遠慮して生活している。これがンゴロンゴロのコンサベーションエリアの姿なのだ。

マガディ湖に流れ込む小さな川があることを、茂った河畔林の帯が物語っている。ムンゲ川である。

そして私の眼はいつもムンゲ小屋を探していた。

一九六四年、J・グドールが結婚した。

相方はH・バン・ラービック。オランダの人。写真家である。

二人に息子グラブが生まれ、一時期チンパンジーの研究基地、タンガニーカ湖のゴンベ・ストリームを離れた。育児にはなかなか厳しい地からの一時的なものだと聞いたが、立派な研究者である。そんな理由ではなかったのかもしれない。

その親子三人が一時期暮らした地が、ムンゲ小屋である。

自然誌「アニマ」の創刊以来、あこがれの人であった研究者の生活空間が目の前に広がっていると思っただけでも私は興奮を覚えるのであった。

夜明け、そのムンゲ小屋あたりの霧の風景にその日の元気をもらっていた。

私たちが追っていたのはブチハイエナ。しかしどうも好きになれずに困った。

アフリカの水をのみ始めたころ、自ら狩りをせず、他者の獲物を横盗りする、食べ残しをあさる。腐肉あさり、スカベンジャーと紹介され、とてもあこがれのものにはならなかった。

その上、その姿である。

後脚が短く、腰を落として、ヒョコヒョコ歩くとしか表現出来ない歩行。しかもいつもよだれをたらした大きな口はいかにも悪食を物語る。

加えていつも観察者を悩ませるのはその雌雄の識別の困難さである。

エピソードはいくらでもある。

かつて研究のためと捕獲を頼まれた者が、巣にいた子供を三頭持って帰り、ヨーロッパから研究者がやって来るまでと飼育していた。三頭ともに雄だった。

当時ヨーロッパはは

朝、テントを出て最初に会う風景

るかな地であった。

一年がたち二年が過ぎようとした頃、成獣となったその雄のハイエナが二頭の子を産んだ。

そんなはずはないと調べたが、三頭共に立派な男性器がついていたという。一時期、ハイエナは雌雄同体の動物であるといわれていたこともある。

獣医学的に説明すると……とここまで書いて止めることにした。理解しているつもりでもなかなかにそれを説明するのはめんどうなことだと気づいた。要は雌雄の識別は難しいとしておく。

しかし、ブチハイエナは生物学的には面白い生き物である。

クランと呼ばれる血縁集団を作り、大きいものは八〇頭を超すこともある。なわばりを持ち、ボス的な地位を占めるのは雌で、リーダー役も務める。

風評とは違い、ハンターであり立派な殺し屋ぶりも演じてみせる。

ライオン等の狩りのおこぼれをもらって生きているだけではなく（チャンスがあればそれもやってのける）、反対に、狩りをして得た獲物をライオンに横盗りされることもよくあると知ってうれしくなった。

もっとうれしくなったのは私たちが毎日追ったクランが、どうやら、J・グドール夫婦が観察していたもののひとつ、レイクサイドクランの二、三代あとのグループではないかと考えられたことである。

笑われるかもしれないが妙にウキウキするのであった。

そのメンバーを紹介する。生後四〇日齢二、六〇日齢三、一二〇日齢三、若者四、そして成獣は一二プラスマイナス二、合計二四プラスマイナス二頭という一族である。

夜明け前に出かけ、九時にはキャンプへ帰る。午後の出勤は三時。日没までである。出かける時にウエイターのオパカ君に帰る時間を伝える。

彼はその時間に間に合うようにポーターと一緒にシャワー用に湯水を用意する。

朝食前のこのシャワーの時間が一番旅の豊かさを実感させる。

朝食のあとはのんびり、至福の時。私はいつも文庫本をひろげて、居眠り。一ページも進まない日もある。これは良かった。

時々、オパカ君が「お茶なんぞ……」と、半分笑いながらテントの前にたたずむ。

オパカ君の家庭の事情を少々。

妻一人子供一人、妹・弟がそれぞれ一人、本人を入れて五名が一部屋に住んでいる。

部屋代月一五〇〇TZS（タンザニア・シリング）、シャツ一五〇〇TZS、ズボン二五〇〇TZS、ジャケット三〇〇〇〜三五〇〇TZS。これらは一九九〇年頃の新品の値段で、彼自身はほとんど中古だと言う。

日給は五〇〇TZSで仕事がない場合もあり、二ヶ月間なかった月もあるという。

いつものことだがアフリカの人々の厳しい日々を聞き取るのはつらい。

でも彼らは明るい。底抜けに明るいのである。

それがまた、なかなかにつらかった。

毎夕食、彼が主役となる。

洗濯しアイロンをピンとかけたワイシャツ。黒い蝶《ちょう》ネクタイ、左腕に大きな白いナプキン、そして静かな立ち居振る舞い。もう別人である。

私たちがビールをひとり二本位あけた頃、彼は後ろにそっと立ち、低い声で、こう言う。

「ダンナ、今夜のメインディッシュはどうしましょう」と。

私たちは思わず「うん、何がおすすめ」と答えてしまう。

彼は唯だまって立つ。

誰かが「魚は何がある？」と聞くと、これも低い声で一瞬間をおいて「今夜の魚はあまりおすすめではない」と答えた。

「じゃあ、牛肉を」と誰か。これの答えも一瞬の間をおいて、「少し硬くて、おすすめでない」と。

「じゃあ、シェフのおすすめを」と誰かの声。

出て来たのは山羊《やぎ》のカレー味の焼肉であった。

ディレクターのSさんの言によれば、出発地のアルーシャで買い入れたものは山羊二頭だったと言うのである。

毎晩同じ台詞がやりとりされ、結局登場するのは山羊であった。それもカレー味。

まあ、ディナーの前の儀式みたいなもので、オパカ君は立派にその役目をはたしているということになる。

しかし大きく破れたズボンをはき、少し汚れたシャツを着る日中の姿とはまるで違う彼の変身に、私はプロとしてのプライドを見せてもらった。

一度、魚も牛肉も、山羊も鶏も、そして多くの果物も用意したサファリ・キャンプに彼を雇用したいとしみじみ思ったものである。

ある夕べ、レンジャーがひょっこり立ち寄り夕食を共にした。

私たちのキャンプ地の近くにレンジャーの事務所があり、時々近くを通ったと言っては一緒に食事をした。

そして注意すべきことをその都度残していった。

その夜はブチハイエナについてであった。

「シャワーをあびる時、足を特に念入りに洗うこと」と言った。

彼ら……ブチハイエナのこと……は鼻がいい。

嗅覚が鋭いというのだ。

足が不潔だと臭いがする。遠くからかぎわけて賞味するためにテントを襲ったことがある。その時は足半分とテントの一部がなくなったと涼しげな顔で言って帰っていった。

私の使っているテントの生地は薄い。ペラペラである。

その気になればハイエナのあの大きな口では私の足なんぞ一本丸々消えることは間違いないと思われた。

さすがに、その夜は眠れなかった。

今まで少しも気にならなかった声「ウーウーウップ、ウーウーウップ」がその夜に限って遠く、また近くで聞こえるのであった。

ブチハイエナの声である。

だが不思議なことだが、そんな心配は一晩で消えた。

トイレの心配事と同じであった。

アフリカは全てを当たり前のことにしてしまう。その能力がまだ残っている自分をひそかに自慢したくなっていた。

三時三〇分起床、四時出勤(?)が日常となった。自分の住んでいる道東の毎日と変わらない。相手がここではブチハイエナ、あちらではキツネと少し違うだけ。共通点は嫌われものというところか。

一月五日、旅の途中の作家Kさんが娘さんと一緒に立ち寄り、三日間過ごしていった。日中、食堂で原稿書き。私も真似してそんなに急いでもないものを一緒に書いて、別れ際、投函してほしいと娘さんに頼んだ。

物書きのはしくれとなった気分で心地よかった。

レンジャー氏が連日顔を出す。Kさんの娘さんに気があるらしい。彼にはお嫁さんがあり、子供もいる。

関係ない。マサイは何人でもお嫁さんを持てる。私たちは面白がり、Kさんは少し心配した。

日本に於いても見られるごく普通の日常がアフリカでも登場するのが面白かった。

少し長い生活となると向こう三軒両隣りの顔なじみが増えた。

見つかるとポーターから石を投げられているバブーンの親子、家主(?)のような気分のアフリカハゲコウ。私たちのフィールド（ブチハイエナのクランの住む地）からの帰り道、決まって道路に寝そべって、ドライバーにクラクションを鳴らさせる雄のライオン、キャンプ地に設置された水道の蛇口を器用に操作し、水をのみ、あとは知らん顔をして出しっぱなしにしてレンジャーの仕事をひとつ増やしたゾウの家族、私のテントに住みついたトカゲ一種と数えるときりがない。

特に雄のライオンは時々、夜中に私たちのテントのすぐ近くへやってきて、全員を起こす。

レンジャー氏に事情を話す。

どれくらいの距離があったかと問われたので二、三〇メートルくらいだろうと話す。

彼はフンと鼻で笑って一五〇メートルは

家主のような気分のアフリカハゲコウ

あると答えた。

ある夜、私のテントのすぐそば、私の感覚から言えば五メートルくらいと説明したら、まあ五〇メートルはありますと言う。

じゃあ、本当にテントのすぐそばだったら、どんな状態になるのだと聞いたら、彼はにやり、ひと呼吸を置いて答えた。

「ベッドの下、お尻のあたりから聞こえたら、少し用心した方がいい」と。

「起きて下さい」。テントがゆれた。ディレクターのSさんだ。何事と顔を出すと皆んな起きている。

ボスがスタッフに何かを低い声で指示。何人かが厨房へ走る。見るとナベやフライパンを持っている。私に洗面用の金ダライを渡す。

毎日、道路をめぐって小さな争いが起きた

ドライバー、ポーターが各々に持った用具を頭の上にかざし一点を凝視。

不思議な静けさがキャンプ地全体をつつむ。食堂の灯《あか》り以外に光はなく誰もライトをつけなかった。あたりは真っ暗であった。

時計を見ると午前一時を少し過ぎている。

その時、バキッと木の折れる音。二分後、また、バキ、バキと。

すぐそばに来ていたオパカ君が低い声でひと言。

「テンポ」

ゾウだと言う。

ゾウなら心配ない。毎日仲よく、いや少しは道の使用についての争いはあるが、まあうまくやっていると言おうとしたら、彼は手を私の前に広げ、移動中の群れだと小声。

私は少し心配になった。

かつて移動中の群れにキャンプ地がメチャクチャにされた話を聞いたことがある。

それは話であり、よくある大げさに語られる寓話《ぐうわ》のひとつぐらいにしか思ってなかった。

それがどうやら本当にあるらしいことを近くのバリ、バリ、ミシ、ミシが証明しようとしていることに気づいたのである。

聞いた話では人も死んだとあった……と。

私はウヘッと思わずうなった。オパカ君がうれしそうな顔になったのはすぐに分かった。

私たち全員が、それぞれの武器……なぜか全部が打楽器の代用品であると気づいておかしかった……を頭上にかかげ、片手に打ちつける棒を持って構えた。

私はいつの間にか、スプーン二本を持っていた。「ボスの合図で……」との指令がきたがそうはならなかった。

ゾウの群れは私たちのキャンプ地から五〇メートル位の地点で、方向を変えた。

一月一六日、夢のキャンプ生活が終わった。

私はJ・グドールのような気分となって、また上がったり下がったりの旅をして現実の中に帰ってきた。

# 第十二章

# ヌーの旅・私の旅

どうも年をとると昔の話が多い。

集落の世話役であるお百姓さんがやってきて「キツネが今朝はやけに馬小屋をのぞく。子馬が生まれるのは今日かもしれない。近くを通るのなら、ちょっくら寄ってくれ」と言って帰っていった。

「あの若先生はどうもヤブで困る」と常々酒を飲むと私のことを話題にするその彼がその日、ぽつりとつぶやいたのである。

当時、私の勤めるその診療所には私を入れて四人の獣医師がいた。私をのぞく三人は五〇代の大ベテランで学卒の青二才であった私は若先生と呼ばれて半分当てにはされない身分であった。

その分正式な往診依頼ではなく「近くを通ったら、ちょっくら寄ってくれ」だった。ヤブを卒業するためには必要な作業だと決めて出かけた。

当時、一万ヘクタールの耕地に散在する農家は七〇〇戸、どの家にも馬がいた。ほとんどが牝馬《ひんば》。雌馬である。春先の分娩期は忙しい。

キツネが診断したくらいで獣医が出かけることはない。でも私はほんの少しキツネに興味を持ち始めていた。

それに常々「ヤブで困る」と言っている男に「キツネは獣医ではありません」と言ってやりたかったのである。

型どおりの診察、最後に膣腔《ちつこう》をのぞき「ほおっ」と声をあげた。子宮頸《しきゅうけい》はゆるみ、その大きさは手拳大。あと数時間で分娩は始まると診断するしかなかった。

私は「キツネは正しい」とつぶやいていたのである。

当のお百姓さんがどんな反応だったか記憶にないのだが、キツネは若先生より優秀であったと思ったに違いなかった。

数年後、私は少し勉強した。

キツネは鼻で診察しているらしいとの結論を得た。

馬は分娩直後、胎盤を排出する。その量五キログラム前後。私は食べたことはないが、栄養豊かな内臓と同じである。

キツネやタヌキにとっては肉と変わりはない。一度食べたら忘れられるはずがない。

味と同時に臭いである。

子宮頸が開き、子宮内分泌物が流れ出始めるとその臭いにつられてキツネたちが集まっても不思議はない。

「まーだ？」「まだかな？」と集まる。若い獣医師よりずっと優秀。脱帽である。

当のお百姓さんはもう亡くなったが、あの世とやらに行って会ったらなんと言うだろうか。

……という話をだらだら続けるのではない。

ヌーの話である。

アフリカの創成期、神は忙しかったに違いない。なにせ大きいものから小さいものまで、皆んなが希望するものを次々と誕生させなくてはならない。右の耳で聴いて左の手で造り、左の耳をそばだて右足で遊んでやらなくてはならなかったのかもしれない。えい、めんどうなと言って人気のある部分だけを寄せ集めて造ったのがオカピではないかと揶揄《やゆ》されたこともある。

ヌーも同じである。

ウシの角、ヤギのヒゲ、ウマのたてがみと尻尾でと。これらはどこかに余っていたに違いない。そう言えば和名はウシカモシカといった。

ケニアの南部から南アフリカまで広く分布するだけでなく生息数が多い。

特にタンザニアのセレンゲティ・ナショナルパークではその数一〇〇万、多いときは一四〇万頭と言われる年もある。

食べ物である雨のあと生える栄養価の高い草を求めて移動する。年間に約九五〇キロメートル。決して小型ではない。体重二〇〇キログラムの生き物である。それが集団で旅をする。

草を食べ、ウンチをし、眠る。

水をのみ、疾走し、休み、恋をし、遁走《とんそう》もすれば、ケンカもする。

赤ちゃんを産み、お乳をのませ、雨にあい、カミナリに驚きと忙しい。あげくライオンに食べられ、運よくリカオンの群れからのがれたものも病気で死ぬ。その間止まることはない。死ぬまで。

ヌーの子が生まれた

コースもほぼ毎年同じ。ということは恋をする時も子供を産むのも同じ場所。すなわち同じ舞台で演ずるということになる。

雨の中で子供を産み、雨の臭いで始まる旅。難関のマラ川の渡河も、初めての若草の賞味の場所も、毎年同じ時期同じ場所ということになる。

なんだか旅とは言えない気がする。

止まることのない、いや止まらないのも日常。移動は生活そのものと言っていい。

その日々に付き合って長い。


まず、出産。

昔、キツネの見事な診察ぶりにかぶれた私は、アフリカの地でその役割を負う者を知りたいと常々思っていた。

出産の季節、場所についてはいろんな人の調査報告がある。だが、毎年季節に少しずれがあった。

それは雨季の始まりに関係するようだ。

ゾウのような大型動物ではそれは重大事で、平気で分娩日を早めたり遅くしたりするという。一ヶ月位は平気ですという説明を聞いても、とても信じられないでいた。

そんなエピソードを数種用意されて私は何度かアフリカの旅を中止したり、目的をはたせぬままに終わったりした。

ある時から、ヌーの出産に立ち会うというそれだけを目的として旅を計画した。

費用捻出のための悪戦苦闘。そのがんばりを背負って二〇〇七年二月七日、セレンゲティへいざ。同行は末娘・こるり君である。

ケニア、ナマンガの国境からタンザニアへ。

迎えに来ていたドライバー、ワジリ氏がニヤリと笑った。

今回は心配ないとの合図らしい。

彼のニヤリのとおり、ンゴロンゴロのクレーターの中はヌーの出産ラッシュであった。あちらでポロッ、こちらでポロポロといった具合なのである。今まで出会うことのなかった出産である。鉢巻きをした。

場所はゆるやかな斜面。私が見た時は二〇頭の集団で他の集団が一〇〇メートル余の上方を通過している。

六頭は出産を終えて子と一緒に寝ている。羊水でぬれた子の体をなめているもの、近くを散歩している個体。

その中央、まるで仲間に囲まれたような位置で一頭、陣痛で四肢を伸ばし、体全体を子宮の収縮運動に合わせている個体がいた。

二本の前足は出てくるのに頭部が乗ってない。胎位の調整のために寝たり、立ちあがったりをくり返す。

この状態が長くなれば母体の心臓が心配である。

北海道の牛舎の中の気分となり、思わず車のドアに手をかけていた。気づいたワジリ氏が両手で止めた。「殿御乱心!!」といった図である。

日本の獣医師を心配させた個体は一四回の寝たり起きたりをくり返し、胎児の位置の調整をすませ、最後はウェーという母体の大声と共に出産して獣医師を安心させた。

斜面は出産に適した場らしく、観察しているとその群れから二〇〇メートルくらい離れた場所でも分娩が始まっていた。

三〇分くらい前にクレーターの底部から移動してきた二一頭の一群が、立ち止まり、小休止かと思っていたら、群れの中央部で分娩が始まった。

残った個体は当たり前のようにその一頭をとり囲む。分娩が終わる頃、また一頭の陣痛が始まった。

双眼鏡で観察していたころり君がもう一群が近づいてくると言う。

結局彼らも立ち止まり、小休止、そして分娩となったのである。出産は伝染するものだったかなあと獣医師は沈思していた。

観察が始まって六時間、気がつくと、広い斜面の雌個体は全て子持ちのお母さんヌーとなっていた。

この季節、きっと各地の出産地がお祭り騒ぎなんだろうと思った。

祭りの参加者についてふれておきたい。

キツネ役のことである。

生物学ではよく集団でいることの利点を述べる。時としてほんまかいな?と思うこともあるが今回はうなずく。

予想どおりライオン、ブチハイエナ、セグロジャッカルであった。その他コウノトリの仲間、アオハシコウがよく観察された。

これも予想したとおり、どの種もどの個体も動きはにぶく、まあ付き合いですからといった風情で近く、遠くうろついている。

全員がはちきれんばかりの腹をみせ、獲物をその場で食べるというよりどこかにか

ライオンの日常。飽食の日々を体全体が語る

くすことが仕事となっていた。

胎盤をくわえてヨタヨタと走るジャッカルを見た。ヌーの子を持つライオンも見た。皆んな食べるというより困っている様子。

全てが満ち足りて「まあいいか」の雰囲気なのである。

親の目を盗んで子を殺す努力なんぞせずに、分娩後確実に排出される胎盤の方がずっと楽である。

生き物は楽な方を選

皆んなヌーです。バルーンの上から

択する。

　間違いなくヌーは集団で出産することで子供の生存率を高めていたのである。平均四キログラムはある胎盤は肉の塊である。子供の代用品として捕食者たちに提供された貢ぎ物みたいなものと言える。

　それにしても、ンゴロンゴロからセレンゲティにかけての保護区だけを考えても排出されるのは驚くほどの量である。

　半分は母体にもどる（雌は失ったものを取り戻すかのように胎盤を食べる）と考えても、周辺の食肉者にとってはとんでもないプレゼントとなる。盆と正月とクリスマスが同時にやってきたようなもので、一年で一番穏やかで、静かな日々を過ごすのだろう。

　見た。観た。診た。大満足の旅となった。

　二〇〇九年三月。私たちはセレンゲティの中央部、ヌーの長旅の中間点セロネラを目

指して一緒に旅をしていた。

ヌーの大移動の中間点に、孫の幹《みき》君も一緒の家族旅行である。彼は小学生。春休みを利用しての旅である。

目の前のヌーはひたすら地平線を目指す。私たちもまた、唯ひたすら、一列に並んで。時々目の前を横断する。

車を停《と》めて終わるのを待つ。

二三分かかった。その前の一群は私たちに三六分間の停車を強いた。「またかいなぁ」とつぶやいて地図をながめる。私はここ二日間、この地で地図をずっとながめていたような気分となっていた。

マサイ語のセレンゲティ（草の海）があって、ヌーがいて、時々ライオンもいる。雲がわいて、雷が鳴って、雨が降って、太陽が出て、チーターが道端で寝ていて、シマウマもいて、それに、まだヌーがいるという風景の中を旅する。

バルーン（気球）に乗って、アフリカハゲコウの気分を味わった。

眼下にゴマを撒いたような草の海の風景が広がっていた。ゴマではない。ヌーだった。

二〇〇七年八月二一日、草の海の北西部ケニア領に近い地にいた。

その時もヌーのあとをつけたらそこへ着いた。着いてしまった感じ。マラ川の河畔であった。

マラ川というのはヌーの渡河でいつもドラマチックな物語を生み続ける舞台となる所である。

一九八三年八月、私はこの近くでうんざりするほどのヌーの死体を見た。川岸だけでない。水中からつき出すように露出した岩々、全てに死体が乗りあげ、しがみつき、ひっかかっていた。

渡河に失敗したヌーたちの無惨な姿であった。

風景はその悲劇のおこぼれを得ようと集まったハゲコウやハゲワシの群れをあふれさせてみせた。あたりに漂う死の臭いに、私は早々に逃げ出していたのである。

そのことがあって、見ましたか?、撮りましたか?、と誘う誘惑には背を向けていたような気がする。

でもその二〇〇七年八月の時は、ヌーたちに連れてこられたと思った。

近くにはアメリカ人の老夫婦の乗るツアーの車が一台だけだったので、ゆっくりのんびり見せてもらった。

その年は雨も少なく水量が少なかったので予定(?)されたドラマは少なく四時間あまりの至福の時間を終えた。

唯一度、不用心というより運の悪いヌーの一頭がワニに献身した。ドラマはそれだけ

渡河作戦

であった。ワニが近くに一頭しかいなかったのだろう。

そのワニもその時すでに腹は大きくふくれ、その日得たもので一年は栄養学的には心配ないということになるのだろう。

向こうはマサイマラ国立保護区。ケニア領である。ここで二ヶ月、小雨季が始まる一〇月、もとの地への旅が始まる。

それにしてもとしみじみ思ってしまう。

ヌーは実に多くの捕食者たちの胃を満たし、狩りの楽しみも味わわせ、旅の豊かさを演出してみせた。我身を削って。

ある研究者が表現した。数ではありません。量です。その量がこの地を楽園にしたのです、と。

パンデミックで大騒ぎの今日も、数々のドラマを生みながら旅を続けているであろう彼らを想うともう一度なんぞ、と空を見上げている。

# 第十三章

# ゾウたちの証言

『少年ケニヤ』の主人公、ワタルがゾウのナンターの背に乗ってサバンナを駆けるのを何度読んだことか。

一度も不思議に思わなかったのはゾウには誰でも乗れると理解していたふしがあるからである。

＊

訂正を受けたのはうかつにも大学に入ってからだった。ヒトの乗れるゾウはアジアゾウだけで、ワタルの友であるアフリカゾウには乗れないと。

確か、就職の話が出ていたので、卒業が近かった頃のことだ。私は動物園に勤め、園長になったらケニアに出かけ、ゾウを買ってきたいと夢を語ったのだった。

手始めに何頭かのゾウに乗ってヒトとの相性を調べたい……とつけ加えた時だ。「それは無理だ」とのひと言が登場した。発言したのはIではなかったかと今は勝手に思っている。

彼は後年、名古屋の東山動植物園の動物園長としてすばらしい仕事をした。私たち獣医科生の自慢の人物である。

Iが言うのだから間違いあるまいとこれも長年、自分の体の中に住まわせることになる基準を採用した。

一九七三年四月、平凡社から自然誌「アニマ」が創刊された。その中の一文は私のゾウに対する理解に再度の訂正を強いた。

ベルンハルト・グジメクの「コンゴ・ナショナルパークを空から訪ねる」のレポートがそれである。

ザイールの北部、スーダン（現・南スーダン）に近いガンガラ・ナ・ボディオの訪問記である。

そこは大きなアフリカゾウを乗用・労働用にするという試みの現場だ。

歴史は古く一八七九年にアジアゾウ四頭をはるばるこの地に運び、タイから調教師も呼んで、アフリカの地に技術と文化を移植しようと長年試みていた。一〇〇年近い歴史がある。

それも成功していたと言っていいだろう。B・グジメクがたずねた一九七〇年五月のレポートによると、一一頭のゾウの背に各々ゾウ使いを乗せて出迎えたと写真をそえてあった。平和な写真であった。

暗黒のという枕言葉をもって語られたアフリカの歴史が、突然近代史の中に登場したのはゾウのせいであると言っても過言ではあるまいと私は思っている。

新大陸の発見が契機になった。アメリカ、ブラジル、アルゼンチン等々広大な土地はその開拓に労働力を無限に必要とした。

大航海時代を謳歌《おうか》するヨーロッパ、中近東もまた同じであった。

無法者たちの雇用主となったのは発展という時代に浮かれた貴族であり、国家であったのは論をまたない。

彼らが求めたものは人だけではなかった。金やダイヤモンド、そして象牙である。あの巨大な（なかには一〇〇キログラムを超えるものもある）牙がある時から、金と同格の貴重品の仲間入りをしたのだ。噂《うわさ》は次の噂を生み、それに夢が参加するともう止められない。

象牙を求めてのアフリカ詣で。この手のブームにはいつもつきものの法に背を向けた者たちが。それをあと押ししたのが貴族や国家となるとそこは無法の狩場となった。

そこに象牙業者たちは目をつけた。資金は潤沢であった。

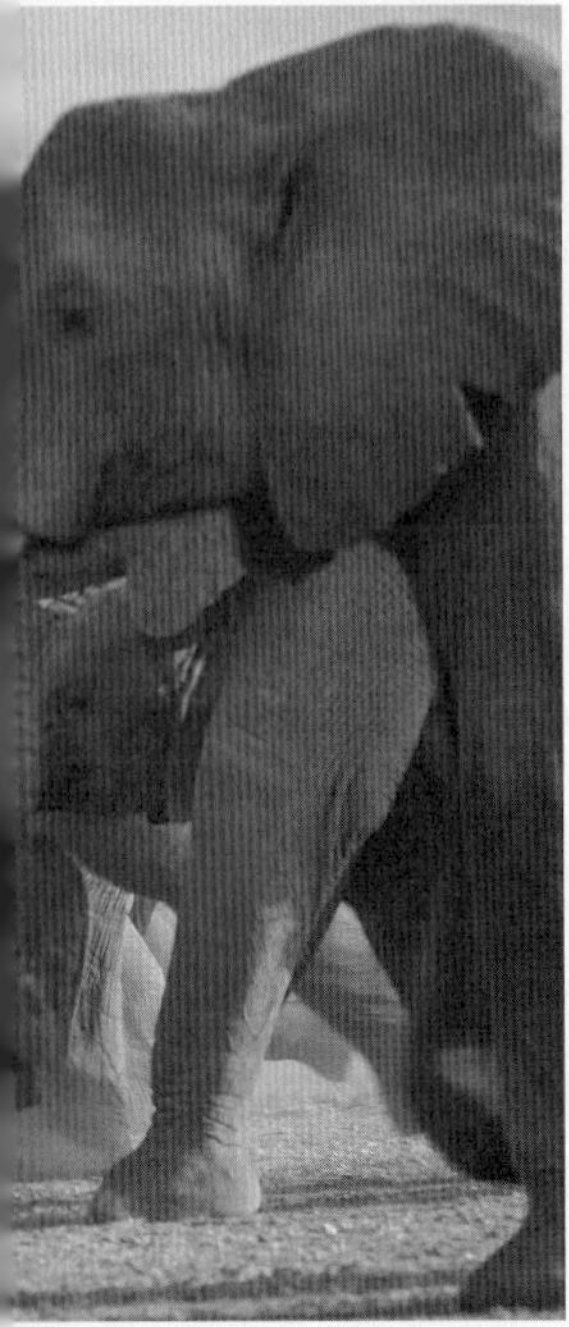

象狩りには力持ちを必要とする。まずサファリの基本として多くのポーター、案内人、さらに食事係、銃持ち。それに手に入れた象牙運びには一等の体力の持主が必要だった。

猟果、すなわち仕留めた象の数が多ければ多い程、力持ちは必要となるのである。旅の途中でそれを補充しながら狩りを続ける。

要は行く先々で必要な作業員を雇う。それが困難となると想像ど

ゾウの行進。私には、ゾウには誰でも乗れると理解していた時代があった

おりの行動に出たのだった。なにせ彼らは銃を持つ。しかも進化した。弓矢や槍では相手にならない。

行く先々で奴隷を補充しつつ、サファリを続けたのだった。象狩りは奴隷狩りを内包するという時代を迎える。

悲劇的なのはサファリが終わり、手に入れた象牙の売買が成立すると、解雇すべき人々をついでに売ってしまうという残酷なことをやったことだ。

禁止令が出るまで……出てもかなりの期間、ヒトという種の悪がいかに拡大出来るかという見本市の様相を呈したのである。

少し前の地図には、赤道近くのアフリカ西海岸を見ると積出港の名残りが地名となって残っている。

リベリアの胡椒《こしょう》海岸、コートジボワールの象牙海岸、ガーナの黄金海岸、そしてギニア湾の奴隷海岸などである。

東海岸ではタンザニアのザンジバル諸島が有名だ。

それらの地方から全世界に送り出された奴隷の数は二〇〇〇万人と言われるが、四〇〇〇万人という推計もある。

かつてアフリカは暗黒大陸と呼ばれたが、慟哭《どうこく》の大陸となっていたのである。アフリカの人々の悲しみや無念さを思うと言葉を失い、受難の日々を思うとヘドが出る。

少し心を冷やしたい。

机の上に一冊の本がある。

ピーター・ビアードの写真集である。写真は表現であると同時に記録であるとこの古典は私に語りかける。

前にもふれたが彼の一枚の航空写真。ゾウの一群が写っている。

一九七八年、一一月一三日、月曜日。六七三頭のゾウだったとの一文がそえられている。

彼の深い思いを伝えるものであるが、私には誘いの一枚であった。

そこで出かけた。ビアードの撮った地、ツァボである。

ツァボ・ナショナルパークはナイロビ・モンバサ間の幹線道路と鉄道で東西に分かれているが、合計で約二万八〇〇〇平方キロメートルと広い。

ビアードが撮ってからわずかしか経っていないのに、その面影すらも探すことは出来なかった。

私が撮ったのは五一頭の群れ。それでも大きな群れと言えた。だがツァボではなく近くのアンボセリ・ナショナルパークであった。

以来、ゾウと言えばアンボセリとなった。

一九七四年ナショナル・リザーブ（国立保護区）をナショナルパークに変更した際、面積をほぼ十分の一の三九二平方キロメートルに削られた。

そのため一時ゾウが過密となって、植生が破壊されたと言われている。

一九八〇年代のはじめ、初めてこの地を訪れた時、隊長役の小倉寛太郎さんは「アンボセリはゾウの難民収容所になってしまった」と嘆いた。パークの縮小にともない開発と密猟に追い立てられ集まってきたゾウで、この地も危機に追い込まれている。

紛争地の難民収容所が環境悪化に苦しむのと同じであると暗い顔となったことを思い出す。

アフリカ大陸第一の高峰、キリマン

ジャロ山（五八九五メートル）がそびえ、万年雪を今でも見ることが出来る。

その影響か、伏流水が主役と思われる湖があちこちに出現してフラミンゴの大群を集めたりする。

しかしキリマンジャロは伊達《だて》に高いのではないらしい。小倉さんの言によれば降る雨や雪の量は年によって違う。それが伏流となって何十年、いやひょっとすると一〇〇年以上かけて麓の草原に登場するということは、今は誰も記憶にないその時々の有り様を再現しているのかもしれない。いやそうだろう……と。

ならばアンボセリ湖が消え、つむじ風に土煙が舞い上がる年は、何十年、何百年前かの山頂付近の気象がそうで

乾季のアンボセリ湖を行く

あったと物語っている……と思えばなるほどキリマンジャロの高さは伊達ではないと納得するのだった。

そう思うと、ある年眼前のアンボセリ湖をピンクに染めて遊ぶフラミンゴの群れにも、その同じ場所を通過する一群のゾウたちが蜃気楼《しんきろう》で脚を長く伸ばして行進するのも、高峰キリマンジャロが見せてくれるイベントのひとつと思ってしまう。疎《おろそ》かには出来ないとカメラを持ち直す。

二〇〇七年二月、雨が多いというので出かけた。

アフリカの一年は雨季と乾季に区分される。雨季の始まりが一年の始まりと人々は言う。アフリカの旅は雨季を避ける。理由は簡単、予定がすぐ未定となるからである。特に日本人は気分が忙《せわ》しい。これ以上詰めようがない位、いろんなことを予定する。ところが雨が降る。橋が流されるとまず一ヶ月は「なんとかなるでしょうかネー」が続く。道路も平気で消える。「雨のせいです」とガイドは涼しい顔。

もうこれだけで雨季の旅行は計画からはずれる。

私も例外ではなかった。

ある日、ハタと気づいて、退職後に雨季の旅を計画した。

通訳として末娘に頭を下げる。

八〇年代の中頃からかアフリカの旅のコースのパターンが固定されていた。決まって入りも出もナイロビであった。ナイロビ着、ナイロビ発であった。

国境管理の問題らしい。

私のアフリカ熱が始まった頃はケニアのマサイマラ国立保護区とタンザニアのセレンゲティ・ナショナルパークを流れるマラ川にかかる橋に国境管理のゲートがあった。

そのためにケニア着、マサイマラ経由キリマンジャロ空港発、日本というコースが普通だった。

一九七七年二月、ケニアとタンザニアの仲が悪くなって、どちらかの大統領が「エイッ」と段平をふってマラ川国境を閉じたのだと聞いた。その後、治安の問題もあると聞いたが本当のことは分からない。

そのため一時、ダル・エス・サラームを通過しないとタンザニアの旅は困難だと言われた時代もある。

でも不便であった。そしてやはりアフリカの玄関はナイロビといった気分もあったらしい。

そこでとメインコースになったのがナマンガのゲートである。現在ではそこがメインルートとなっている。

アンボセリ・ナショナルパークはナマンガのゲートが近い。タンザニアの旅の手始めにまずアンボセリに寄ってというルートがいつの間にか定着した。

その時もアンボセリで三泊楽しむ。

雨の多さを狙っての旅。緑一色であった。途中、道が消え、泥にはまり、遠回りすること三回。おかげで行き交う車もほとんどなくのんびり、ゆったり。

三組のゾウの交尾を観察した。

これは珍しかった。私はそれまで一度も見たことがなかったし、それ以降も一度もない。

ゾウの繁殖のシーズンが雨季であったために、その季節を避けてきたせいだろうと決めていたら、ドライバーのヘンリー氏も珍しいと何度も言って私を喜ばせていたので、ひょっとしたら本当に珍しいのかもしれない。

ゾウの交尾。子供を含めて群れの多くが集まる

交尾に至る行動もかなり詳細に観察出来たのだがここで書くのは止めよう。

ある時、私の写真展を見に来てくれた友の姉がボソリ。

「竹田津先生って交尾が好きなのネ！」と。

「そんなことはない。唯、動物行動学の記録者を自認する者としては……」などグダグダ、グダ、グダグダ。

どうも正確な答弁とはなってなかったような気がして、それ以降はふれずにおくことに……。今回はさわりの部分を。

交尾が始まると子供を含めて群れの多くが集まって、皆鼻を伸ばし、当事者の体の一部にふれている。あちこちをなぜている。いたわるように。

と報告しておくことにとどめよう。

私が大喜びなのを見て、気を良くしたの

水遊び

かヘンリー氏が彼ら（ゾウのこと）は子供の生まれる時のことを予測して恋をすると文学者みたいな言葉をはいた。

子供にとって一番いい環境の時に産むために交尾日を決めるというのだ。今のような緑におおわれた草原が一番なのだという。

ゾウの妊娠期間は二二ヶ月。……ということは二二ヶ月後のことが予測出来て今がある、今日があるということをこの三組のゾウは私たちに物語っていることになる。

その年はエルニーニョのせいで天候が思ったように移らないと事あるごとに空をあおいで愚痴っていたので、二年後もエルニーニョかよと思わず口にした。

「気象庁も予報官としてゾウを雇ったらどうだ」と口にして皆んなからにらまれた。

しかし小倉さんの言うキリマンジャロの伏流が過去を物語るという説から言えば、ゾウたちはその気候の変化の予告を毎日受けているのかもしれない。

食べる草、のむ水、そして流れる空気の匂いから……。

知らないのは文明によって自然からの伝言を聞く能力も失い、あり余る情報に溺れ、感受性をなくしたままにただよう私たちだけかもしれないと思うのである。

目の前でゾウたちが水遊びを始めている。

# 第十四章

# 主食たちの物語

＊

夏休みが終わるといやな季節が近づく。

小学生の頃の話である。

私は運動がからっきし駄目であった。秋は運動会の季節。友はどんどん元気になるのに、私は日に日に元気がなくなる感じがした。

特にかけくらべ。徒競走はまるっきりペケ。

毎年、運動会の当日に母から言われること。

「みのる（私の名）、前を向いて走りなさい。後ろをみんでいいから」と。

「誰もアンタの後ろにはいないのだから」をつけ加えるのを忘れない。

いつもビリケツであった。

隣の同級生、スーさんに「今日はハヨカッタヨー」と大声でなぐさめられては逃げ出したくなる。同級生は女の子であった。

どうして運動会みたいなものがあるのだろうと学校の行事を恨んだ。

ところがいつの頃からか、運動会が少し待ち遠しくなっている自分に気づいて驚いた。

悪くないと思っているのであった。

そして気づいた。

バナナのせいだと。初めて食べた日、あっ、これが『少年ケニヤ』の味だ。アフリカの味だと思った。

運動会はハレの日である。

お盆が終わったら、次においしい物を食べられる日はこの日である。

忙しいのに母は前日場所取りに運動場へ出かけ、今年は誰々に負けたなぞとつぶやいていた。夕方になるとハレの日の品々は仏前に。お盆の時より賑《にぎ》やかになる。

主役はバナナの一房である。兄弟の多い我が家では食べられるのはせいぜい一人一本。今年は一本半かもしれない等の胸算用をする。一本半ならあれと、この半分。もしも幸運に二本となったら……と楽しい時間を過ごせたのである。

初めてのアフリカの旅の日、腹いっぱいバナナが食べられると妙なことに満足していた。

サファリのランチボックスにつくバナナがロッジによって皆微妙に味が違ったし、同様に食堂に並べられるバナナにも違いがあった。

親指大のものから、大きくて一本食べると他のものが腹に入らなくなるほどのもの、皮の色も緑から黄、どんどん濃くなって橙色《だいだいいろ》、赤いものまで、探すと果てがなかった。

味もまた。

サバンナの農耕民は結婚して自分の家を持つとまず、バナナの苗を数本家のそばに植えると聞いた。

次いでパパイヤ、コーヒーの木、そしてタバコの苗と日常生活を語る作物が続く。

一九八八年、ザイールに出かけた時、活火山ニーラゴンゴの溶岩流に寸断されたバナナ畑をみて、この中から送り出されるバナナを自分たちは食べていたのかと妙になつかしがっていると、ドライバーのバカ氏が手を左右に振って違うと訂正した。

この時になって私たちが食べていたものは台湾などのアジア産であり、バナナの原産地は東南アジアで、アフリカには二〇〇〇年以上も前に導入された作物であると知る。なんという不勉強。

私はアジアの味をアフリカの味と勝手に思い込んでいたことになる。もうひとつ、アフリカの主食ともなっているキャッサバは中南米、トウモロコシもそうだ。

暗黒の大陸といわれたが、アフリカは世界と広く深くつながっていたことを物語る。

バカ氏の手の動作は私のもうひとつの間違いも指摘していた。

うっそうと広がるバナナ畑の生産物は、そのままでは食べられないと言うのだ。

これはプランテン種といって料理用のバナナであるという。

料理と聞いて「ほう、煮たり焼いたりするのかネー」と半分からかうように言ったら、

「そう」と答えられて驚いた。蒸すことが多いとつけ加える。

せいぜいうす切りにしたものに何かドレッシングをかけるくらいに考えていた。ならばそれを食べたいと願ったら反対された。同行の友からである。

なんとも甘ったるい料理が多いという。ひとり旅の時にどうぞ……と。

フフという名の物があると教わる。どこかで聞いたと思ったらキャッサバを原料とする食物であったと気づいた。

その時はフーフと少し発音が違ったが……。

ついでにキャッサバについて。

キャッサバは中南米が原産地で十六世紀、ポルトガル人によってコンゴ川流域に持ち

まず家、次いでバナナを植える

込まれた歴史を持つ。

収量が多く、やせた土地でも育つことから普及の速度は比較的速く、今ではイモ類でみると生産量は世界第二位であると本で知った。

ザイールの東部、ルワンダとの国境に近い町で、普通の食事がしたいと駄々をこねた。どうもホテルの食事は旅を続けるとだんだん無国籍になってゆく。

要は少し飽きたのであった。

そこでと近くのお百姓さんにお願いした。

普通のお百姓さんの食事を食べたいと思ったからだ。

次の日の午後、出かけると近所の人々が集まっている。変な日本人という人たちのためにフフを作る、と集落中におふれが出回っていたらしい。

農家の前庭に石臼、数本の杵《きね》。一坪ほどの面積に白い干しイモのようなものが地面に直《じか》に広げてある。それがキャッサバだと説明された。

子供たちが歌いながらその干しキャッサバを臼に投げ入れ、つき始めた。一定の粒以下となるとそれを金だらいに移し、次のものを入れる。

子供たちがどんどん集まり、近所のお母さん方も参加して、干し煎餅のようなキャッサバは多少米粒状のものもあるが、粉といえるものとなった。

その間、別のお母さん方は台所らしき部屋にこもり、干魚と、通訳に言わせると日本のホウレンソウと同じだという青野菜の煮込みを作っている。今日は大切なお客さんが来たのだからと鶏肉も少し入れてあると説明された。

そしていよいよ食事。

金属製の洗面器に粉になったキャッサバをガバッガバッと入れて熱湯をそそぎ、手早くかきまぜる。日本式でいえばくず湯を作る要領である。

少し茶色をした半透明のくず餅のようなものが誕生。

それを小皿にとって別に用意した干魚、肉入り野菜スープにひたして食べる。

特有のほんのりした甘みが舌に転がり、スープの中の名称不明の青菜が、これもほんのりとした香りを口中に広げた。

我々（勇気ある日本人は三人であった）はそれなりに満足した。

私はアフリカ人たちは思った以上においしいものを食べているとこれも満足であった。

唯、フフのあの特有のうす茶色は煎餅についた大地の土の色であろうと思ったが、誰もそのことを口にしなかった。

手伝ってくれた子供やお母さん方も一緒の食事会となって楽しかった。

食後にコーヒー。これも家のうらの畑でとれた自家製のもの。そしてドクターにはこの組合せが一番合うだろうと二種の葉を使った巻きタバコをくれた。

賑やかなバナナの店

その家の主人の好意だと言った。彼は「自分は顔をみれば相手の好みの巻きタバコが分かる」と言った。

残念だが彼の診断はハズレである。私はタバコを吸わない。唯だまってニコニコしていたのだった。

キャッサバには毒がある。

「アフリカの人は毒を盛る」という恐ろし気な風習があると言った人がいる。

私はいつも笑って聞きながしていたが、ある時、バナナ酒を飲みたいといったら、サファリドライバーの宿舎へ連れていかれたことがある。出かける前にもう飲んでいたので果たして本当にバナナ酒だったか定かではない。甘い酒だという記憶しか残っていないので、ひょっとするとハチミツ原料の地酒ではないかと思っているのだが……。

そのバナナ酒の時の話。

酒だという液体はヒョウタンのような丸い器に入っていた。二本の竹製のストローがついていて、皆んな、そのストローを使って回し飲みをするという。

元々、少しドロリとしている。日本で言えばドブロク……それも私の住む北海道の農村部に残る、デンプンドブロクに近い少し重い液体である。

それをストローを使い分けて……というが二本しかない。少し気持ちが悪い。それが私の動作に出たらしく同行のドライバーのバカ氏が説明した。

「アフリカの人は毒を盛る」ことがある……が心配いらない。まず私が最初に飲んでみせるといってストローを吸う。

そのあと当人の顔面や体の動きを観察して心配ないと知れば「飲めばいいのだ」と。毒味である。

なるほどと納得して飲み過ぎ、帰りはバカ氏に背負われて帰ったことを今、急に思い出している。

キャッサバに毒があれば、この料理には特に注意しなければなるまいとひそかに思っていた。

だがそのほんわかとした味にふれて、すぐにそんな下世話な話はどこかに置くことにした。

ついでに書くとキャッサバの毒は青酸毒（シアン配糖体）で、それなりに毒抜きの作業が必要なのだそうだ。

しかし青酸毒を含む食材が今ではアフリカの主食の中心に位置しようとしていることに、この大陸のふところの深さを思うのである。


東アフリカで食べるオムレツや卵焼きは白っぽい。黄色の色素が足りないのだそうだ。そう聞いてもやはり少し気になる。

理由は簡単である。

トウモロコシがホワイトと呼ばれる品種であるというのがそれ。

鶏卵の卵黄は餌であるトウモロコシの実の色素が移動したものである。白トウモロコシの実には黄色の色素が少ない。

そこで白いオムレツが誕生する。

東アフリカの人々の主食はウガリといって、トウモロコシの粉を熱湯でこねてダンゴ程度に練ったものである。白いオムレツ同様、ウガリも白い。

これをフフと同じように肉や魚を野菜と一緒に煮込んだスープのような汁にひたして食べる。トマトや玉ネギを一緒に煮ることも多いし、あの巨樹、バオバブの若葉を野菜の代表として使う地方も多い。

バオバブの若葉を採って天日干しし乾燥野菜として貯蔵する家も多いという。

私はトウガラシを使った一寸《ちょっと》舌にピリリとくる位のスープが好きだ。

最初食べたいと頼んでも、あれは庶民の食べ物でアナタ方はお客さんですと無視された。

私は日本の庶民の代表として貴国の庶民と同じ物を食べる権利があると発言し、その当人にもよく分からない理屈でなんとか数ヶ所で食べる栄誉に浴することが出来た。デンプンダンゴだと気づいた。

バナナ売りのお姉さんたち

私の住む北海道で、かつて貧しかった時代、各家庭で楽しんだ素朴な味がそこにはあった。

家々で皆んな味が違った。作るお母さんの想いが工夫となってそれに凝縮していた。ジャガイモの澱粉《でんぷん》を使ったちまきのようなものでウガリによく似ている。唯デンプンダンゴはウガリに比べて澱粉量が圧倒的に多くて、ウガリのパサパサ感がない。比べてウガリはそのパサパサ感がかえって、毎日食べても飽きのこない食べ物にしていた。

アフリカの人々にとっては日本の米飯のようなものなのであろう。


タンザニアにモシという都市がある。

近年、その近郊が米作地帯として注目を集めていると聞いた。

その米作りはＪＩＣＡ（独立行政法人国際協力機構）が一九八〇年代から指導を続けてきた。

東アフリカでも年々米の消費量が増えて、モシは重要な生産地として注目をあびている。

産出するコメはいつの頃からかモシヒカリと呼ばれていた。

新潟産のコシヒカリが有名になった間もなくのことでもあり、誰かがそれくらい、いやひょっとするとそれ以上にうまいと言ったのかもしれない。

アフリカがやがて米の新しい消費地になるだろうと言った人がいる。私もひょっとするとそんな日が近いのかもしれないと思うのである。

二〇〇〇年代に入るとマーケットに行っても、ホテルでも、町の食堂でも、ましてロッジなどはライスのあることは当たり前となっている。

一九九一年、退職を記念して夫婦で旅をした。

アフリカ、ケニアをふり出しに途中フランスにいた次女と合流してヨーロッパを楽しんだ。

フランスのマーケットでモシヒカリを発見した。生産地、タンザニアと表示してあった。

なんとなく自分が生産したような気分となって胸を張って値段をのぞく。

日本の八分の一の価格ラベルが読めた。後から次女がおいしいお米ですヨーとひと言。

これもまたうれしかった。

# 第十五章

# アフリカで木を植える

＊

旅は小さな会話から始まる。

「赤ちゃんが生まれると窓ぎわにニームの木を植える」というのがそれであった。

日本にもそれに近い風習があった気がする。

九州ではツゲがある。女の子が生まれると庭に一本。娘が成長し嫁ぐ日が近づくと伐《き》り倒し、その材で娘の使うクシを作って、花嫁道具のひとつに加える……と聞いていた。

そう伝えると「少し違うかもしれない」と彼女は言った。

宮城裕見子さんである。

ケニア・ナイロビ在住。私のアフリカ学の師であり友である。

彼女によるとニームは現地ではMwaro bdiniと言って、スワヒリ語で四〇という意味だそうだ。四〇種類の病気を治すことの出来る民間万能薬として親しまれている薬用木だという。

抗菌作用もあり、忌避剤として害虫予防にも使われるという。

二〇〇〇年、外国から援助物資と一緒にはいってきたオサマというニックネームをもつ害虫に効くというので、彼女の知り合いの植樹グループがニームの苗の生産を始めたという。

オサマは既存の農薬が効かないやっかいな害虫で、農民はふるえあがっているとつけ加えた。

窓際に植えられたニームの木から分泌された或る物質が部屋に流れ込んで、生まれた赤ちゃんを害虫、特に蚊から守るというのだ。

アフリカに於いての蚊はマラリア原虫を人に運ぶ恐ろしい害虫なのである。

私は蚊が苦手である。

北の自然の中にわけ入ろうとする時、身構えさせられるのはいつもこの小さな生き物である。私は北海道の自然の守護神は蚊とヒグマであると常々思っている。

そこで少し勉強した。

ニームの木

アフリカに森造りの運動があるのだろうか。宮城さんに聞く。

すぐに情報が送られてきた。

マサイマラに保護区が出来たために遊牧民であるマサイの人々が定住を強いられた結果、住居近くの森の木が煮炊き用の薪《まき》にと伐採され、ために急激な環境破壊が始まった。母親たちが調理用に主として使うアフリカオリーブの木と呼ばれるハードウッドは、成木になるのに五〇年から一〇〇年の年月が必要で、伐採に生育が間に合わず、森の消失が予想された。

事実、予想どおり、いやそれ以上のスピードで環境は変化を始めたという。

そこで立ち上がった人々がいる。

宮城さんの手紙によると、マサイランドに残るDupoto Forest（デュポトの森）という原生林に隣接するオレピ小学校と、森を守るために結成された森の青年団がそれである。

マサイの若者たちを中心に森の青年団がマサイランド固有種の苗を育て、オレピの小学生がそれを植える運動をやっているというのだ。

ちなみに紹介すると、デュポトの森はゾウが赤ちゃんを産みに来る森として知られている原生林だそうだ。

二〇〇七年に森の青年団は一五〇〇本のアフリカ固有種をオレピ小学校に寄贈し、子供たちがそれを植えたと報告されている。

面白いのは、生長の遅いアフリカ固有種と生長の早い早生種の苗木を同時進行の形で植林するというのだ。早生種は固有種ではないようだ。

その早生種は小学校で育苗するという。それはママさんたちのための煮炊き用材なのである。

ママさん用のものも育林しますから、大切なアフリカ固有種は大事にしてほしいとの作戦なのだと聞いた。

正義が胸を張ってのし歩くどこかの国の自然保護運動とは違うやさしさがあって、聞いた私は感動したのである。

森の青年団の活動資金は森を訪れる観光客を案内するガイド料で賄っているが、場所がとても辺鄙《へんぴ》なところなのでほとんど訪れる客がなくて困っているとも話していた。

一度たずねてみたいと思っているのに、思うだけで体は知らん顔のテイタラク。自分が企画したツアーだったら十分組み込めたはずなのに……とグダグダ、グッグツ。はずかしい。

タンザニアにも森造りを教育の現場に取り入れた学校があります……と情報を送りつけてきたのはドライバーのワジリ氏であった。

雨季を旅したいという私の無理な注文にも笑って応え、スタック、スタックの連続でとうとうトヨタのランクル（ランドクルーザー）を廃車にしてしまった仲である。

二〇〇九年、私は早速予約し、旅を始めた。

宮城さんのアドバイスもあり、その植樹のイベントへの参加費として少々の金を用意した。その金で宮城さん、ワジリ氏が学用品を購入した。

ンゴメ・ロッジはセレンゲティの中心地セロネラ・ワイルドドライフ・ロッジから近い。カバを見に行くOrange River（オレンジ川）のヒポプール（溜まり場）があるところのイコマゲートから一〇分位のところであった。

ナショナルパークの外ということになる。

ヌーの北上ルートのまん中に位置し、いい季節に当たれば驚くような天国を見せてくれるだろうと思う。

カミさんと末娘のこるり、そして私の三人組の家族旅行である。

気がねなく植樹のイベントを楽しみたいという魂胆である。

ロッジはテントロッジで全てが建設途上といったところ。食堂兼、ロッジの受付となるという建物は巨大な骨組みがまだむき出しのままであった。

ゲートのそばで動く生き物がいたのでのぞくと緑色のヘビ。グリーンスネークという毒へビがアフリカにいたような記憶が急にどこかの戸をたたく。

二本の柱が直立し、ゲートであると主張しているそばの草の穂先に、ササフセッカらしき鳥が巣材をくわえてカメラを構える私をにらみつけていた。

全てに野生が満ちていて私は満足であった。

学校はロバンダ小学校、ロッジから二〇分の地にあった。

日曜日であったが三〇名余の生徒が登校していた。植樹のクラブのメンバーだと聞いた。

各人がスコップ、鍬《くわ》、鎌などを手にしている。教室で校長先生による注意事項の説明が続く。

アフリカでの植樹風景。子供たちと木を植えた

苗は、ダンボールで育苗ポットに入れた状態で運ばれてきていた。タンザニア政府の援助で育苗センターから直接届けられるとのことだった。無論、アフリカ固有種で三種であった。

校長先生のレクチャーが終わると皆んなで植林地へ。学校の地続きで、今年はここだと学校が決めたそうだ。

思ったより大きな穴を掘る。

短い雨季に降る雨を十分集め溜めるためだと説明された。

ワッショイ、ワッショイ、ガヤガヤ、ガヤガヤと穴掘りは順調であったが、それからが進まない。

水が届かないのである。

来た、来たという声に、見ると三人の少女が頭にバケツをのせてやってきた。

頭は重そうだが足どりは軽い。いつも思うのだが重いものを頭にのせた人はなぜか足どりがいいのである。

ザイール東キヴ酪農生産組合をたずねた時に皆んなにはやされて練習したことがある。こつがいるが、つかめば姿勢はよくなり、足は軽くなるのを知った。

アフリカの女性の立ち姿が美しいのは水運びのごほうびに神が与えたおくりものに違いないと言ったら、同行の女性軍ににらまれたことを急に思い出していた。

水を運ぶ少女たちの足取りは軽い

それでもという気持ちで少女をながめていたら、その気持ちを察してか校長先生が男子生徒二人に水運びを指示していた。

どう運ぶのかと注意していたら、しばらくたって井戸のある方から二人が顔をあかくして水を運んできた。二人でバケツを提げてウンウン、ヨタヨタと帰ってきた。

その量たるや少女の半分であった。

アフリカでも男は……と毒づこうとしたが、声をのみ込んだ。聞いて喜びそうな眼がすぐ前にあった。

私は自分が植えた七本の苗の正体を知らないで帰った。

最初は樹種名を聞いたつもりだったのに、校長先生は大きくなる、とても大きくなると言って立ち上がり両手をあげて背伸びしてみせた。

そばにいた四人の生徒も一緒に立ち上がり「大きくなる」「ビッグになる」と声を合わせた。

私は樹種名は「ビッグ」でもいいかなあとぼんやり思っていた。

汗がでる。心地よかった。汗はいい時間を物語った。

作業は一時間あまりで終わったが、少女たちの奮闘はしばらく続いた。それでもたっぷりの水をもらって私の「ビッグ」はアフリカの風に葉を少しふるわせていた。

教室に帰る。

用意した学用品をひとりひとりに手渡すというイベントがそこで始まる。次々とやってくる生徒たちにノート、エンピツ、消しゴム（どうもこれは各国共通の学徒の三種の神器らしい）を渡す。子供たちひとりひとりと挨拶を交わす。

年少の小さな女の子にスカートのすそを両手でつまんで深々と頭を下げられては、私たちも思わず最敬礼をしたくなったのであった。

全てが終わり記念撮影、忘れ物をしたような気分になってもう一度植林地へ。

苗木の姿は深い穴の底にかくれて多くがすぐそばまで行かないと見えなかったが、一〇年後、二〇年後、五〇年後を想像しようとしていた。一〇〇年後はきっと校長先生がおっしゃるようなビッグな森になっているのだろうと決めて校庭を出た。

校庭の前に建設中というか、きっと去年もその前の年も同じであっただろうと思われるような姿で教会がひっそりと建っていた。

十字架だけが教会だと主張していた。

二〇一一年。四月のタンザニアの旅が企画された。二〇〇九年と同じようなコースである。

ならばとンゴメをコースに入れた。

ロバンダ小学校へ出かけ、「大きくなる」の森をたずねたいという個人的な気持ちもあった。

少しお金を置いて私のワガママをかなえてほしいという気持ちもチラホラ。

宮城さんと一緒の旅の話によく登場するムシンベ（誓いの木）。この木の下で嘘《うそ》は言いません。つきません。この木の下の会話は真実だけです。私には少し恐ろしい木に感ずるのだが。

ルイヤ族の結婚記念樹のひとつだという。長老たちが何かあるとその木の下で終日、あれこれと談合をくり返すのだと言った。

もしも、いや出来れば、あの植林地の中央か、入口付近にムシンベの木を一本つけ加えて植えてもらえれば、森が人々の集合の場のひとつになるのでないかなあ……と

教室でプレゼントのイベント

ついつい老人は考えてしまったのである。

老人の夢の多くは夢だけで終わる。そのひとつ。

それでも出かけた。日曜日だった。

「ビッグ」はそう大きくならずに、それでも元気そうに天に向かって枝を伸ばしていた。

二〇〇九年、私と一緒に植えた女の子が、飛んできて「大きくなる」おじさんが来たと喜んでくれた。皆んなが集まり始めてまたまた記念写真。

帰りぎわ、校門前の教会を見ると全く同じたたずまい。屋根もなかった。

だがどこからか子供の声がしていた。


木を植える。木を育てる作業に長年方々で参加してきた。

しかしアフリカは初めてであった。子供たちが参加するのがよかった。二年ぶりに出かけたロバンダで子供たちがよく手入れしているのが分かってうれしかった。

アフリカは赤道近くに位置する大地が多い。大地にとって一番重要なのは太陽光をさえぎる物である。日本に住む私たちには考えられない環境といえる。

日陰は水分を保存する。そこへ植物は根を伸ばす。そして天空を目指した部分がお礼にと陰をつくって大地を守る。

このくり返しである。

サバンナに残る数本の木が伐られただけでそこに大きな不毛の大地が露出、それが原因でその周辺にまた陰を持たない大地が登場し、そのくり返しが、あっという間に砂地へと変化を強いる。砂漠化というやつである。

そこにささやかな抵抗の気持ちを表現したのが子供たちの活動だと思う。応援したい。

二〇〇九年の旅が終わった時、日本に帰りついたら待っていたように宮城さんから荷物。

ニームオイル、ニーム石鹼《せっけん》である。

聞くところによるとニーム入りの紅茶、緑茶もあるという。

日本でも高知県などではもう栽培が始まっているらしい。楽しみである。

# 第十六章

# ドライバー、ヘンリー氏との旅

乾季のサバンナでの生活が少し長くなると、誰かがつぶやく小さな声に予定が変更になることがよくある。

その時もそうだった。

「ヒヤヤッコが食べたいなあ」だった。

早朝からの仕事がひとつ終わって、夕方までにはまだ十分時間があった。

これがいけない。

皆んな乾いていた。手も足も、背中やお尻、そして頭蓋骨の中も乾いていた。

こうなると特効薬のビールでも駄目なので困る。

「水分補給のためにナイロビに出ます」と最高責任者のS氏がおごそかに宣言したのは朝食が終わった時だった。

*

私たちはマサイマラ国立保護区にいる。一九八〇年代の当時、道は少し良くなったといっても片道七時間は必要だった。

笑わば笑え……である。

私たち一行は修学旅行に出る小学生のような気分となって、土煙の中をつき進んだのである。

途中何ヶ所かにある補給基地的食堂も全てパス。全員意地でも水分はナイロビで……と決めていた。

夕方近くになるとどんなに喉が渇いても水分はとらない、とがんばる酒飲みの行動様式に似ていた。

似ているというよりそっくりだと気づき、苦笑いをしたものである。

その異常(?)な行動パターンに「とても理解出来ません」と頭をふるドライバーは、勝手に自分でミネラルウォーターを買って飲んでいた。

「私たちは貧乏ですから……」とつぶやいてみせたのはカメラマンのOさんだった。

当時ナイロビを離れた地方では、ミネラルウォーターはビールとそんなに値段に差はなかったように記憶する。

だから日中、ビール片手に木陰で休んでいる時、そばを通る人たちがいると聞こえるようにつぶやく。

Oさんのせりふである。

「貧乏人ですから……」。これで御理解を得たような気分となるからおかしい。

午後四時過ぎ、ナイロビの市街に着く。

ホテルを予約し、ヒヤヤッコを出す店「日本人倶楽部《クラブ》」へ。

その前に駐車場へ。今日は荒路を共に乗り越えて来たのだから、ドライバー氏も食事を一緒にとなったからである。何でも見たがり屋の私も一緒に。

市街中心部にある駐車場である。ゲートに二人の番人がいた。ドライバー氏は二人にお金を渡す。料金は私たちが払うのだがそれとは別のチップらしい。

そのまま店へ行くのかと思ったら、駐車場の近くのバナナ売りのおじさんにも、通過する車の窓に手に持つ数本のサングラスを近づけ「買え、買え」としつこくせまるお兄さんにも、それぞれなにがしかの小銭を渡す。

「あれはなんだ」と聞くとチップだとの応え。

なんのため？　と聞くと「車のためさー」と両手を広げて事の大切さを主張する。

駐車場の車が消えたことがある。盗まれたとゲートの番人は胸を張った……という。

そこで、近くのおじさん、お兄さんも動員して車を守るのだとドライバー氏は説明した。

二人の門番が同じ部族だとそういうことがよくある……と普通の顔で話す。

だからチップを渡した人たちは皆んな異なる部族の人たちにした、とこれもまた当たり前の顔で説明した。アフリカのドライバーの矜持《きょうじ》をみたと思った。

「日本人倶楽部」、オーナーは日本人と聞いた。

日経と朝日の新聞が二日遅れで読めるとこれも聞いた。

そんなことより、ここへ来れば日本人に会えるといった意味でのアフリカの小さな小さな日本であった。

旅の途中の日本人ならついつい立ち寄りたくなるのは当たり前。当然日本料理の多くがここで食べられる。予想よりは少し、いやかなり違う日本の味ではあるが……。

うれしいのはハーフという単位がある。

長い旅では、今度倶楽部に行けたら、あれを食べよう、これも食べてみたいと夢がどんどん膨らんで、自分の胃の容積を忘れて頼み、多くを残すという……そのくせ残したもののことがいつまでも忘れられず、夢を見て悔しがったこともある……そうつぶやく客の無念さを主人が斟酌《しんしゃく》したのか、「半分」という単位がメニューに登場した。

私たちはビール以外は全てハーフとしたのである。

当然、最先に「ヒヤヤッコ!!」

S氏がドライバー氏を横に座らせ、「これが我々の夢の食べ物、ヒヤヤッコだ」と説明した。

ドライバー氏はハシの使い方はなれていた。そのハシで私たちのあこがれたトーフをつまんだ。ショーユと誰かがアドバイスしたが彼は無視した。

一瞬の逡巡《しゅんじゅん》、直後口を大きくあけて奥深くに押し込んだ。

戻すことを自分に許さんといった顔付きである。

二度噛んだだけで飲み込む。皆んなの目、どう反応するかが楽しみといった期待の目付きであった。

ドライバー氏、顔色を変えることなくひと言。

「うむ、食べられる」

一瞬間《ま》をおいて、続けた。

「だが食べ物ではない」と。

以来、私はアフリカの旅でいつもこの言葉の持つ意味を考え続けているのであった。

彼の名はヘンリーといった。

子供は二人だと彼の所属する会社の事務方から聞いた。

私との相性は良かった。

写真家は癖を持つ。欠点ともいう。

ドライバー、ヘンリー氏。情報、とんでもない視力、センスを持つサファリドライバーだった

彼は相方の癖をいち早く自分のものにするという特技があるらしい。

一度彼と一緒の旅をすると、次もまたといった気分となる客が多いらしく空きがない。後年、私はケニアの旅を企画する場合、ドライバー、ヘンリー氏がその時体が空いているかが第一の要素となったほどであった。

私は斜光、それも逆光の風景が好きだ。特に黄昏の草原で遊ぶ野生を見ると、全てをなげ出してそこにずっと居たいなどと彼を困らせた。

サファリを楽しむのは日の出から日没までという規則があり、私の一番好きな時間帯には本体は正確にはまだロッジの中ということになる。

規則はお天道様が顔を出す前に出てはいけません、沈む前には帰っていなくてはなりません……とおっしゃるのである。

太陽と動物たちといった写真は、例えばロッジのすぐそばに動物たちが集まっているといったような、よほどの幸運に出会わなくては撮れないというのが常識であった。

ところがドライバー、ヘンリー氏はどうもその幸運を元々持っているのか、何かの工作で引き寄せるのか、私は彼と旅するとそのラッキーというものに出会えるのであった。

いろいろ詮索するに、彼は別に魔法を使っているのではなく、違法（少しはあるかもしれないが）なことをしているのでもないことが分かった。

彼はあのナイロビの駐車場でみせた律儀さで、たくさんの情報源を持っているらしいこと、ドライバー間の情報の貸し借り、レンジャーとの付き合い等、とんでもないほどの横のつながりを持っているのだった。

いわばサファリドライバーの財産である現地情報を多く持っているといえる。

それが日本からやってきた男の写真心というやつをくすぐり続けていたのであった。


彼は目が良かった。

とんでもない視力の持ち主であった。マサイは視力6・0と言われて私たちを驚かせたが、彼もどうやらそれに近いらしい。

時々、車を止めて地平線の彼方を凝視する。

ライオンが狩りを成功させた、ヒョウが獲物を木の枝にかけている、チーターがオナラをした等と報告をする。

その都度、双眼鏡という文明の利器を私は取り出し、言われた方向を探したが成功したことは一度もない。

「ウソ」ではないかと、疑ったこともある。どうもそれが顔に出るらしく、決まって彼は車をとばした。

こんな遠くにと思うほどの地で、それがウソでないことを証明してみせるのである。

しかも、私の好きな種の被写体との距離、光線、角度等々を撮影の度に研究、学ぶらしく、文句のない位置に車をつける。

どうやら、シャッター音を聞きながら、当方の想いを学習しているらしい。シャッター音が多く聞かれた種や、場面、光、風等をじっくり見る。

「そうか、うちのダンナはこんなものを撮りたいのだ」と学習し、反対にシャッター音が少ないと「なるほど、こんな場面は興味がないのだな」と知るらしい。

特に人気の高い種の場合、数台、いや一〇台を超すサファリカーが集結する場合がある。

そんな時にドライバーのセンスが際立つ。

被写体である動物の次なる動作、その後の行動を予想して一等の位置に車を停める。

最初はもう少し右だとか左だとか考えるも、数分後の動きは予測出来ないことが多

ヘンリー氏はチーターが好きだった

チーターの子供たち

い。

そこがサファリドライバーの腕の見せどころとなる。センスであり資質であった。

私はヘンリー氏のそれにいつも大満足していた。

彼の好きな動物はチーターだそうだ。当然生態、行動については詳しい。

ハンティングを撮らせたいとずいぶん努力してくれたが、満足なものはいまだである。

これはドライバー、ヘンリー氏に責があるのではなく、当の私の資質に問題があると言うべきであろう。

記録者を自任する私は、写真に対して今流行のある種の哲学らしきものを持っている。

「犬も歩けば棒に当たる」であり、「下手な鉄砲も数撃てば当たる」である。

犬のようにほっつき歩く。そして出会えばたくさんのシャッターを切るという、なんとも原始的な作業人となって我が哲学を行動化する。

だが優秀な案内人を得ると楽をし、時として「量は質に転ずる」といった古典的な法則どおりの結果を生むこと(?)もあると信じて、アフリカの水をのみ過ぎている。

ここまで書いて「フー」と大きく息をはく。

ため息である。

サファリドライバーに支払うギャラは、アフリカの生活水準から考えて決して少ないものではない。高給取りだと言われていた。

ある年、二週間の旅が終わって空港へ。

見送りにとヘンリー氏も。

なにか渡すものはないかと、あれこれ考えているとヘンリー氏が低い声で言った。

「ドクター、少し金を貸してくれ」と。

顔を見ると本当に困ったような顔付きである。

ポケットに手を入れながら、それでも思わず言葉がこぼれた。

「どうして？」「昨日、ちゃんと……」と続けようとしたが止めた。

成田までに必要とおぼしき金額を頭の中で計算し、渡せる金額、たいした額ではなかったが渡す。

「皆んながやってきたもんだから……多過ぎる人数だったから……」とぶつぶつ。

いつもそうだと以前聞いたことがある。

隣近所、その少し隣も、親類縁者、一族郎党、それに関係ない人間までもが集まる。

彼が勤めを終えた日時を知って、知らなくてもなんとなく分かるらしい……とこれも彼の言……。続々、どんどん、がやがやと集まるのだそうだ。

それを聞いていたので私たちも旅が終わる日には、私の場合はパンツ以外の着る物は全て、その他エンピツ、電池まで持ち物の全てを彼に渡すことにしていた。同行者の多くもなるべく渡すようになっていた。

そんなことが人を集め見知らぬ人までを動員したのなら、私にも責任の一部はあるようで、彼を貧乏にさせているのかもしれないと私はショボンとなった。

どうやら今回は集まり過ぎて家族に渡すべき給与の一部が、話によるとそれ以上のものが必要となったらしい。

それを日本ではお人好しと言うのだと言おうとしたが、言葉を飲み込んだ。

それがアフリカであるのも、水をのみ過ぎた者なら理解出来る年月を私はアフリカに費やしていた。

助け合うという意味では、アフリカは一等の国である。富む者はそうでない者を助ける義務があり、貧しき者はそれを受ける権利があるという扶助のシステムを文化として持つ。それがアフリカだった。

ドライバー、ヘンリー氏との旅は二〇〇七年二月が最後であった。

彼の人物に惚《ほ》れたある写真家が専属のドライバーとして彼を雇用したそうだ。写真家は日本人だと聞いた。

ケニアが少し遠くなってしまった。

# 第十七章

# ライオンのしごと

*

アフリカを知る時、いつも半分は夢の物語であった。

『少年ケニヤ』から始まり、手塚治虫の『ジャングル大帝』、『ターザン』、『野生のエルザ』と、ひと通りのアフリカ入門の洗礼を受ける。

現在だとネットやらから始まる作業は私の場合、初めは、そのほとんどが本であり、それも子供が好むマンガ、童話、映画からであったから当然なのかもしれない。

ある時、給与というものをいただくようになって買った本で、もう一つのアフリカを知った。

そこに私の生まれるわずか三〇年余前のナイロビの記録があった。

前にもふれたが一九〇五年、その地に公設の墓地誕生。

最初に六基の墓石。

全てがその鉄道建設の現場で起きた人喰いライオン事件の犠牲者であった……という。

これは衝撃であった。

この一行で、私はそれまでのアフリカを卒業した。現実の世界を見たいと決めたのである。

殺人事件は最終的には二頭のライオンが撃たれた時点で終わったので、犯人はその二頭だろうとなったがほんとうのところは分からないらしい。

とにかく犠牲者は二〇人とも三〇人を超えたともいうのだから、大事件であったことは間違いない。

写真でみると二頭共に雌のような体形で、たてがみもほとんどなく、なんだか拍子抜けしたような気分になったのを思い出している。

後年、ザイールを旅した時、犬歯の抜けかけた痛々しい雄ライオンに会ったことがある。逃げるカバの厚い皮膚にかぶりついたが、相手の反撃に負けた時に大事な犬歯が根元で折れてしまったのだろう……とはドライバー氏の言。

当方は獣医師、もし麻酔薬さえあれば、吹き矢で等と考えていたら、ドライバーのバカ氏が「殺さなければならない。こんなヤツが一番危ない」とブツブツ。

彼の言によるとこんな体になると捕まえることの出来る獲物が限られ、やがては全く獲《と》れなくなるだろう。すると一番狩りやすい種……人間を狙うというのだ。

最初は子供、そして老人、やがては誰でも、となると説明した。

私は急にあのツァボの……ライオンの人喰い事件が起きたのは、基点となる港町モンバサから二一〇キロメートルの地、ツァボ川流域であった……二頭のライオンの姿を思い出していた。

狩りのあとの楽しみ

たてがみのない雄ライオンの姿。どこかに発育不全のところがあるような気がするのである。

人間は彼らにとっては狩りやすい生き物なのかもしれない。

武器を持たないヒトははたしてどんな生き物に勝るというのだろうかと思うと、目の前を通り過ぎる動物たちどれにも負けそうな気がして困った。

ザイールではカバをねらうライオンには時々出会った。

ある日、間違いなく狩りの態勢に入ったという雄ライオンをつけたことがある。相手は無論カバ。

ほぼ一時間、前を行き、後ろに回ってゆっくりとゆっくりと距離を縮めるライオンに傑作をものにしようとカメラの男たちが続く。もう少し、もう少しだと私たちはライオンを応援していた。

ワクワクドキドキの至福の時が突然終わった。

「もう、いいでしょう」という我が家のカミさんの涙声。

すぐに賛同したのがレンジャーのジョコボ。ジョコボは政府のお役人である。

一同シブシブ、名作、傑作をあきらめた。

皆んなはレンジャーが言うのだから、私はカミさんがおっしゃるのだからとファインダーから眼を退却させた。

私は撮れなかったのはカミさんのせいだと言い、TVクルー勢はレンジャーのひと言だということにしているらしい。それにしても……。

弱肉強食の現物が撮れていれば視聴率は確実に一〇パーセントは上がると言われた業界である。さぞやと私は同情したが我が家ではいつもこれが問題となる。

現実をいかにとらえ、記録するかという写真の基本の部分で、時間の使い方が片寄り過ぎる配分にひと言があるらしい。

そんなに捕食行動なんぞに時間をかけなくてもいいのに、という一句を入れたいらしい。現実にはドラマチックな捕食行動なんかは、ほとんどないのではないかと。

人間はアフリカのサバンナで生まれたと断言してもいいらしい。ンゴロンゴロの外輪山をセレンゲティに下った地点で北に転ずるとオルドバイの地にたどりつく。人類発祥の地と言われる場である。

そこで生まれた我々の先祖の進化の歴史が突然疾走を始め、気づくと世界の総人口は七〇億を超え、代わりにライオンは五〇年前の四五万頭から現在は三万頭に激減。

激減したライオンのことを想う。

かつてはアフリカだけでなくインド亜大陸まで君臨した百獣の王も、今は二六ヶ国から姿を消し、聞く人によるとケンカを売られたと感ずるあの咆哮《ほうこう》を聞くことも、アフリカでもごく限られた地でしかない。

マサイ族の若者は一時も早く、自分の勇気と力を他者に示さなくてはならない。一等の近道はライオンを仕留めることだ。それも正々堂々と対峙《たいじ》することを第一義とした。

そのための儀式として近くで聞く咆哮がまず必要なのだと聞いたことがある。

はるか昔の青臭かった時代、売られたケンカは買わなくてはならない……のあの気持ちらしい。

若者はそのために毎日牙を研ぐ。

私はマサイの若者の儀式のチャンス減少に同情している。

それでも希望はある。

タンザニアには残されたライオンの四〇パーセントが生息していると言われている。しかも多くがセレンゲティ・ナショナルパークに。

今見ておかないと、といつもキョロキョロと忙しい。

マサイが草の海と呼ぶだけあって、ゲートを過ぎると、草、草、草の平原である。

日本にいると地平線を見ることなんぞ全くない人間にとっては、「ハアー、地平線ですなあ」とつぶやくだけの日々となる。

空が地面へ接する場所を「終わり」と呼ぶ人々がいると聞いたが、私たちの仲間にはそんな詩人はひとりもいなく、唯「ハァー」とくり返すだけである。

草の海が変化を見せたのはコピエと呼ばれる巨石群が見え始める地に入った頃だった。

コピエとは「小さな頭」という意味だと聞いたがマサイ語であったかどうか知らない。

オランダ語だという人もある。草の海の中から、ニョキと出た姿に頭という表現は当たっている。「小さな」と言うが小さくはない。デカイと言った方が正確だろう。

海の中からポカリ、ポカリと現れた巨人の頭といったところ。

ナービ・ヒルのゲートはその草の海の入口にあり、小さくはない「大きな頭」の上に事務所がある。

そして多くの旅人の泊まるロッジ、セロネラ・ワイルドライフ・ロッジもまた巨大な

「小さな頭」の上に鎮座する。

そのコピエ群のひとつにシンバ・コピエというのがある。名のとおり、一群のライオンがいる。

道路のわきで寝そべっていたり、コピエの巨石の上で整列して私たちを迎えたりで、アフリカを実感させる出合いを演出してみせる。

ある年、絵本作家のあべ弘士《ひろし》さんと旅した。

長年、体の中にあった小さな企画を具体化しようという旅であった。

絵本をつくろうと考えたのである。

ライオンの仕事についてである。

食物連鎖の上位につくライオンはいったいどんな仕事をしているのか、といったことを書こうと思った。

ライオンの狩り。チャンスを待つ

結論を言えば、上位の者は下位の者を助けるための仕事をすることが義務であり正義なのだということだった。

それは結局、下位に位置する者の生命を絶つという作業になる。殺すというそれである。助けるという義務から言えば矛盾である。反対のことをやっているということである。

牛疫という病気がある。ウイルス病である。しかも致死率が異常に高い。各国で獣医学が誕生する原因となった疾病である。我が国では対アメリカへの生物兵器として本格的に研究された歴史を持つ。

一八八九年にアフリカにやってきた。兵士に連れられてきたと言われている。最初はエチオピア、やがてマサイ族のウシに乗ってセレンゲティへ。野生の反芻獣はバタバタと死んだ。

一八九一年、探検家オスカー・バウマンの報告によるとセレンゲティのウシ、スイギュウ、ヌーの九五パーセントは死んだと見積もっている。

今はやりのアウトブレイクというやつである。

その後、この地で何度も何度もアウトブレイクはくり返され、一九六〇年の一〇月のそれは強烈であったという。私のアフリカ病発症の二〇年前の話である。

これを救ったのがライオンたち、食物連鎖上位群の面々であった。彼らはこのウイルスに罹患《りかん》した動物たちを次々と殺した。狩りをしたのである。結果、増殖したウイルスが罹患した患者の体から他の個体へ移る前、飛び散る前に死を迎えたために、他の個体への感染がそれ以上は発生しなかったのである。疫学的に言えば伝染発生を抑え込んだということになったのである。捕食者たちのやった仕事は、狩られやすい行動で目の前に登場した者に飛びついたにすぎなかった。

ウイルスに罹患した者が微弱ではあるが発熱などが出始めると、行動そのものが少し他の健康な個体と違ってきて、それが捕食者であるライオン等の狩りの本能を刺激するのではないかというのが私の診断であった。そしてとまた心は転移する。殺される者も罹患した我が身の立場から思わず「おいしいヨー」と草の海のすみずみまで届くようなある種のメッセージを流し始めていたのではないかと。

そしていつも、いばりくさって弱い者ばかりを追いかけ食べている寄生虫みたいなヤツと思っていたが、考えを変えなくてはと少し反省している。

ついでに言えば寄生虫もいい仕事をしているとの報告が次々と発表されている。これも反省し発言に気をつけたい。

あべ弘士さんとの旅はその後も続き、その度にあべさんのアフリカの絵が変わってきて大喜びである。

絵が深くなっている。

ついでにCM。あべさんとの共著は『ライオンのしごと』（偕成社）である。

広い広い草の海でささやかな家族を見た。

小さくてやせた雌、同じようにとても健康とはいえそうもない小さな雄。発育良とはいい

かけ落ちしたと思われる夫婦とその子

い難い小さな小さな子供ひとり。きっと母乳の出が悪いのだろう。川の字になってこれは幸せそうに眠る。

新婚さんといってていいのかもしれないライオンの一家がそこにあった。

プライドと呼ばれる群れ社会が基本のこの種の中で、人間と同じような単位の家族を見るとついついいろんなことを考える。

そして結論。

かけ落ちの家族に違いない……と。

妙に気になって、家族旅行であるなら四~五日この一家と一緒に草の海で遊びたいと思うのだが、その時はツアー客のひとりであった。

同行の人々はいくら動物好きでも……というよりそうであるからこそ、いろんな世界を見たい。ひょっとすると狩りの瞬間に出会えるかもしれないし、ケンカや恋の舞台も見られるかもしれない。

次々と車を走らせ、地平線を見つめるのであった。

そしてこの旅で出会った舞台の優先順位を頭の中に画《えが》く。どこにでもありそうなかけ落ち(?)家族のひっそり生活なんぞをのぞきたいと思わない。

ドライバーに覚えたてのスワヒリ語「ハラカ、ハラカ」を連発する。「急げ、急げ」と言うのである。普通ではない、特別なものを見たい撮りたいのだと。

この文を書いている私もそうである。

かけ落ち(?)家族と遊びたいなどとつぶやいているが、それが可能となってもきっと地平線を見つめるにちがいない。

私はありふれたライオンの仕事を見たいなぞとほざいているが、その資格はないと気づいている。とても大切なことを見ないでここまできたのかもしれない。

# 第十八章

# 雨季を旅する

＊

雨季の旅。

ひと雨ふれば、予定が未定にすぐに変更されるという旅をしたい、とよせばいいのに計画した。

面白がって、たいていの場合すぐにここはどうでしょう、この地はなかなかです、ひょっとすると生きては帰れないかもしれません等のアドバイスを連発する、ナイロビの宮城裕見子さんからの返事が遅かった。

「ダイジョウブですか」のメールが来たのはタンザニアのドライバー、ワジリ氏からだった。

彼は私のよく使う、心配ない、ダイジョウブ、を面白がってよく使う。

ダイジョウブ、心配ない、と返事し、時間は十分あるとつけ加えた。

私は一九九一年一月に診療所を退職している。

五三歳であった。特に理由はない。唯、長男にある時……たぶん酔っぱらっていた……お前さんが大学を卒業した時に私は退職するからと言った。多少おごそかに宣言口調であった……らしい。

当時長女は大学を卒業し就職していたが、まだ長男の下に二人の学生生活を送る子供がいたので、周囲は「そんな無責任なことが……」と出来るはずがないと思っていたらしい。

そう思われては困るので私としてはおごそか(?)に正座して言ったつもりであった。要は誰ひとり信用していなかったし、聞こえないふりをしていたらしい。

ところが九一年、長男が正月の酒の席で「お父さん、今年の三月に卒業します」と胸を張った。

男の心意気に応えなくてはと私は次の日に辞表を出して皆んなに笑われた。

以来、時間は全て自由に使えるのである。

予定が未定となるなんぞ、「心配ない」のであった。心配すべきはお金の問題だけである。頭にはち巻をして原稿用紙を前に汗する我が身を想像するだけで「なんとかなりそう」とつぶやいていた。

そこで……と旅が始まった。

同行は末娘である。彼女は生物を学ぶ院生であれば、アフリカは一等の学びの庭であると私は勝手に決めつけ、命令した。「父の我がまま旅行の通訳を命ず」と。

重症化するアフリカ病の男の犠牲者といえた。

二〇〇七年二月に岩絵をながめにタンザニアのコンドアまで出かけた帰路の報告であ

る。

心配はないとうそぶいたことをすぐに反省した。

予定は未定なることの連続は「未定を未定に入れる」という妙なロジックの迷路をさまようことになる。一例を。二月一三日。タンザニア中部首都ドドマの北、コンドアからアルーシャへの国道。道が消えかけていた。

予定はたたないが時間は過ぎてゆく。夜はすぐにやってくるのに予定の半分も進んでない。野宿というわけにはいかないが宿がない……というより、たどりつけるか未定なのだ。

車が前に進めない。悪路というより赤い泥の沼の中に迷い込んだといったほうがいい。前方数百メートル、いやワジリ氏に言わせると一キロくらいは同じような状態だろうという。

マタトゥ（乗り合いバス）、トラック、バス、乗用車、エトセトラ、エトセトラ、そして大型のグレーダー（整地用車両）も立往生。救出にやって来た当の機材が救出を待つという図となっているのである。

そして人、人、ヒトである。見渡すかぎりのサバンナの中、こんなに人間が住んでいたのかと感動するくらいの数。

ワジリ氏の運転する私たちのランクルはそのすき間、すき間をぬい、かいくぐって少しずつ進み、二時間かけてやっと脱出。その間多くの人々の手を借りた。何十人という数である。なんだか、皆んなでランクルを通すためにスタックした車を持ち上げ、ずらして運んだといったほうが正確だと思えた。

人力、人の力である。

あの大型のトラックですら見ていると大勢の人々が、まるで獲物を運ぶアリの集団のように群がり、へばりつき、持ち上げて、エンヤエンヤと動かしている。

一台が脱出すると次にやって来た車がまたスタックする。

「まあ雨季が終わるまでこのイベントは続くでしょう」と言ったのは、我がワジリ氏。

これはもう産業かもしれないと私は思った。雨季のこの時期、周辺の住民はそこを

スタック、スタック、スタック

通る車のレスキュー代としていくばくかの……いやかなりの礼金を得ていると推測出来る。道は立派にならないほうがいいのかもしれない等と不埒《ふらち》な気持ちになった。

あちこちにバナナやトウモロコシ、バナナの葉につつんだウガリなどを売る臨時のキヨスクみたいなものがあったし、ミネラルウォーターや、モロコシや、トウジンビエなどを原料とした地ビールの売子もいた。

そういえば北海道の小さな町の村祭に少し似ていると気づいて苦笑いをする。

雨季は天と地が共働するある種のイベントの季節と考えてもいいのかもしれない。

やっと脱出したが、すぐにまた次のイベント(?)会場へたどりつくといったくり返し。

皆んなでワッショイのイベント

そしてとうとう予定が未定にならない地(?)にたどりついたと思ったら、今度は道が水の中に消えていた。見渡すかぎり、水、水、水の地に迷い込む。

登場したのが水先案内人である。場所によってひとりの場合もあったが、私たちの通った時は三人であった。

膝近くまでの深い水の中に立ってひとりはもう少し右だと言い、他のひとりはそのまま進めと言っている。最後のひとりは両手を使い、もう少し左に寄せて、そのまま進めと案内する。一〇メートルくらいをやっと脱出。

なにがしかの謝金を要求した。

ワジリ氏に聞くと安くはないと答えた。私は意地悪く、指示は正確かと聞くと、「そんなことは聞くものではない」と彼は

いたる所で人々の力を借りる

答えた。

その夜の宿はタランギーレ・サファリ・ロッジの予定であったがたどりつけない。十分余裕を持って計画したのにである。結局途中の知らないロッジに疲れ果ててくずれ込む。簡素な宿であったが、それはそれで良かった。

苦難の道行はその後も続き、途中、我々と苦楽を共にしたランクルはとうとう動かなくなり、別な車でアルーシャへたどりつく。

あとで聞いたのだが結局、ランクルは廃車にしたとのことだった。

雨季の真只中を旅したい等とほざくアフリカ病の重症者に付き合うとこうなる、と証明する旅でもあった。悪いことをしたと今でも思い出すとシュンとなる。

水先案内人

報告するとタランギーレ・ナショナルパークは水の中にあった。道路は寸断されほんの入口の一部を前に、「そうですなあ、この向こうにバオバブの大木が……」等の会話がくり返されるだけであった。

雨季の旅が苦行らしきものであるのは事実であったが、その価値は十分、いや十二分にあったと断言する。

第一にアフリカの緑の美しさである。

サバンナにも、点在する畑にも、望遠する山々にも緑がいっぱいであった。これでもかとたたみかけるような緑の世界であった。

そして土の臭い、泥水ではあるが水辺のおだやかな暖かみ、そして処々に咲く花々に思わずドライバー氏に「一寸待て」と命令する。ワジリ氏はあっという間に「チョット、マテ」という妙な日本語を自分の語彙のひとつに組み入れて喜んでいた。

グロリオサ（Gloriosa superba）の花の赤が遠くから老いた日本人を手招きする。車を停めて数カット、一〇メートルも行かない所で黄色のツユクサの花にまた「チョット、マテ」と声をかけられて、といった具合で進まない。

動物だけに興味を示してくれれば楽なのだが……と言ったかどうか定かではないが、あきれかえるワジリ氏に向かって「これが最後、これがサイゴだから……」とブツブツ、グダグダ。ドライバーのワジリ氏は最後には「ホントデスカ!!」とのたまった。

私がこれが……とグダグダのあとに「ホントウにこれがサイゴ」とつぶやくことに放った彼の新しい日本語だった。きっと誰かの入れ知恵に違いないと私は娘と宮城さんの顔をのぞき込むのだった。

アカシアの木々も満開の季節であった。

白い花だとばかり思っていたら、木によって色は少しずつ違っていた。

白い花、ピンクの花、淡い黄色、黄色そのもの、そのうち赤いアカシアの花に出会えるかとドキドキしたものであった。

ある時、少し疲れたので、一面アカシアの木々で囲まれた岩場の中央に椅子を並べてひと休みしたことがあった。

ビールを片手にぼんやりしていたら、何か動くものがいる。

虫たちである。見ればいるいる。その小さな玉状の花びらの中に頭をつっ込んで食事

グロリオサの花

中。アブやチョウ、ハチ、大小の甲虫もいる。アリも。

　飛んでくる鳥類を調べると数種のタイヨウチョウ、ハイイロガラ、ヤブモズ、セッカの類も数羽、大賑わいのレストランといったところであった。皆んな花粉や花蜜、そして集まった昆虫たちをねらってやって来た客人たち。ふとこの一本のアカシアの木に集まる生き物調査をしたいと思った。

　もし自分がこの近くに住んでいて小学生だったら、きっと夏休みの自由研究は「これだ!!」と思ってしまうほど、豊かな生態系を見せてくれた。

　ヒメアフリカアオゲラを初めて観察したのもこの時だった。濃い緑の中で見る赤は別種に見えてしまうほど美しかった。

　いつの日か、いやそんな日はこないであろうが、日本から子供たちを連れて来て、この地の子供たちと一緒に観察会が開けたら楽しいだろうなあと思ってしまった。

　日本一〇名、地元アフリカの子一〇名。三日間くらいこのアカシアの林の下にテントを張り、それぞれが、これは！　と思う木を選びその下で終日、やってくる生き物たちを記録する。夜も交代で観察、記録する。きっといい研究となるだろうなあと夢想した。

　アカシアの花の色の違いは種の違いであると説明された。

　その花に集まる客人も当然違う。

　私は中東風、私はインド風、私はヨーロッパタイプが好きとそれぞれが主張し、当然集まる客筋も少しずつ違ってくる。

熱帯地方は人を含めて今でも種を生み続けているというが、その原点を見たような気がするのである。

ハチの中にミツバチを見た。よく見るとその数は多く他の昆虫を圧倒していた。ミツを集めることを生業として存在するハチたちにとっては今が働き時、稼ぎ時である。

飛んで来ては、飛び立つ。巣に帰っているのだ。

「巣はどこだろう」と聞くとワジリ氏はニヤリと笑った。そして出かけた。サファリドライバーとしての自分の出番だと思ったのだろう。私がビールを一本飲むひまのないくらいの早さで帰ってきた。

「巣があった」と報告。「さすがー」と私。

巣は枯れた大木の折れた部分にあった。大きかった。私たちは思わず小さな声をあげた。

「おいしそう」

しばしハチミツの話が続いた。

当然と言えば当然のことではあるが、樹種によって皆んな味が違う。「あの黄色のアカシアのハチミツの味は軽い」とか、「この白のものは一番子供が喜ぶ」とか。「これは病人向きだ」と言われたのはピンクの色のアカシアであった。

精のつくハチミツがあるが「ムゼー（年寄り）には必要ないか」とワジリ氏が私の顔をのぞき込み真面目な顔付きで問う。

急に私を「老人」あつかいする。しかしアフリカでは年寄りという言葉の中にある種の尊敬の念を含むことを知っている私は、都合のいいところはすぐに取り入れ、常々自分のことを言う時に枕詞的に「ムゼーが思うに」とか「ムゼーとしては」と使ったが、誰も聞こえません的な態度で応対した。どうも私には年寄り衆に参加するほどの品格がまだないらしい。

しかしこの時は少しムッとして「ムゼーには必要ない」と言って、あとでしまったと後悔したものである。

宮城さんは常々、植物を説明する時に、あれは毒があるとか、用心をしたほうが……などと言う。

本を読んでもアフリカの社会では毒を盛るという

大木につるしたミツバチの巣箱

ことが日常茶飯事のごとく登場する。言い寄る女の子を無視しただけで、もて過ぎる美男子であったために、ある日死を強いられた話など、「ある、ある」なのであった。

そんななかで、ある時、ワジリ氏が目の前で咲く白い花をながめてつぶやいた。

この実は用心したほうがいい。「死にます」とつけ加えた。花はミカンのそれに似ているし、実もキンカンをひとまわり大きくしたくらいのミカンそのものであった。

ところがその花のハチミツは薬効著しいと言った。何に効くかは聞きそびれたが、現地ではこの花のハチミツは高価であり、ひっぱりだこだと言う。

それから、しばらくの間は、ハチミツ談義が続いた。

アフリカの人々が造った養蜂箱も見せてもらった。

直径五〇センチほどの円をくりぬいた丸太に、小さな竹や、パピルス、モロコシの茎などを適度な密度でつっ込み、木につるす。

ハチはその茎なぞのすき間に巣を構えるのだ。あとは唯、花の季節を待つだけだ。

いつか、はるかな昔、酒に足を取られてドライバーに背負われてロッジに帰ったことを思い出していた。

甘い酒だった。それがハチミツ酒であったと話が続くと、もう酒の話一色となる。末娘も酒は強い。

雨季の酒の話はねっとりと深く続く。

第十九章

# ザンジバルの休日

＊

私は海のそばで生まれ育った。

居間の窓からのぞくと一本のダイダイの木があり、その向こうは畑一枚。そのはずれはもう海だった。

九州・大分県。北端に人間の頭にも似た半島が瀬戸内海に向かってつき出ている。中央部からふき出した山塊がその半島の誕生を物語る。

半島の北端、ふき出る山塊が何かに驚いて立ち止まり、流れ出す勢いは東西に分かれて瀬戸内へなだれ込んだと説明されそうな地形がある。

分かれた山塊が腕を伸ばし、抱きかかえるようにして深い湾をつくった。風に強く沖行く船の避難港として戦国時代から重要視されたと聞いて育った。町は竹田津という。私の姓と同じである。さぞやと名家の出自を夢みた私は、高校時代社会科の先生に問うたら、海賊の出であろうとのひと言でシュンとなって終わった。

我が家はその湾の一番奥の所にあった。

窓を開けるとどんな凪《なぎ》の時でも、瀬戸内の波の音、香りが流れ込んだ。

昭和二〇年、初夏。夜半防空警報のサイレンがなり、真っ黒な上空を翼の灯りを堂々とともしてB－29の編隊が北へ向かって飛んでいった。

しばらくして湾から見える水平線が全て真っ赤となり、一晩中、燃え続けるのが見えた。対岸といってもはるかな向こう、山口県徳山市（現・周南市）の徳山曹達《ソーダ》の工場だと聞いたが、それだけではあるまいと老いた隣のじっちゃんがつぶやいていた。

結局、私と友の三人は畑のへりにあるイチジクの木の下で、朝まで沖をながめて過ごした。

恐ろしいとも、悲しいとも思わなかったような気がする。不埒にも美しいと思った。小学校二年生の時である。

その時も波の音はいつもと変わらず、海の香りは少年の心をおだやかにしたような記憶があるのである。

海は私にとってふる里そのものであった。大学時代の四年間を除いて海はいつもそばにあった。

アフリカの水をのみ過ぎて、世に言うアフリカの毒に体のすみずみの細胞まで侵食された頃、アフリカの海を見たいと思った。

一度チャンスはあった。

ツァボ東・ナショナルパークに出かけた時だ。休日、港町モンバサに行くか、隣接するツァボ西・ナショナルパークに出かけるか迷った時、そこにあるムジマ・スプリングスのことが話題となった。チュル山塊からの伏流水の湧水の美しさを説明されて、すぐに手を挙げたのは、乾季のすなぼこりのサバンナで過ごすと誰でも経験する素直な選択だった。

私はふる里の海の代わりに、澄んだ湧水の中で遊ぶカバと魚たちの運動会をながめて満足した。

雨季の旅を計画した時、締めくくりというより終わりにどこかで休養をと、金持ちのような気分の計画をもぐり込ませた。年齢的にも少しずつ「そろそろですよ」という声が聞こえていたからである。見たい行きたい所は早目に!!だった。

最速、宮城裕見子さんへメール。

海が見たい。アフリカの海で泳ぎたい……と。

そしてザンジバル島行きが決まった。

ザンジバル島（スワヒリ語ではウングジャ島）はインド洋に浮かぶ珊瑚礁《さんごしょう》の島で、ペンバ島とともにザンジバル地域を形成する。ザンジバル島は日本の佐渡島《さどがしま》を二つ合わせたくらい。アフリカの地図で見ると虫メガネで探さないと分からない。小さなけし粒みたいな島である。ザンジバルの人口は一三〇万余。

しかし早くから世界に知られた島である。

インド洋上を吹くモンスーン。一一月〜三月のインド大陸からモザンビークへ吹く北東モンスーン。五月〜九月は南西モンスーンが逆のコースを吹きぬける。

この風を利用して多くの船が白い三角帆をあげて南から北へ、反対にある期間は北から南へと一年をかけて旅する足とした。ダウ船と呼ばれる船である。そしてそれは貿易を生んだ。技術と資金を持つインド・中東の商人たちが往来し、やがて定住を考える人たちも出てくる。

その中心地がザンジバルであり、ケニアのモンバサであった。

ゆえに両地方はイスラム色が強いのだろう。

なかでもザンジバルは中東、ペルシャ湾の出口にあるオマーンのスルタンが一時期、自分の宮殿を建て、そこを国の中心地にしたのだからなおさらであった。

貿易の中心地となったザンジバルの地は時代の語り部の役目も。中心地はストーン・タウン。奴隷の売買マーケット跡は胸がふさがるし、収容室はヘドが出る。

日本人として初めてザンジバルに登場した「からゆきさん」の住んでいた家もある。最盛期には十数人となったそうだ。五〇年前までそこで生活していたと聞く。人々に愛されたと聞いてもやはり心は沈む。

どうもアフリカの歴史を聞くと暗い話がまといつく。しかも町を歩くと全てのものに歴史がへばりついているから逃れることが出来ない。

休息なんだからと自分に言い聞かせて、ホテルの自分の部屋に荷物を置いて、海の見えるレストランへ。

そしてビール。海は青くおだやかであった。人の動きもほとんどなく、半分眠っているように思えた。ホテルのプライベートビーチなのかもしれないが、海には人がいたほうがいいなどと考えていたら眠ってしまったようだ。

目がさめたら黒いものがいた。

黒猫だった。階下に降りる階段の一番上の所にねそべり、のんびりとながめていた。ここでも人の動きがないらしくいつまでも同じ姿勢であった。ビールがうまかった。また眠くなった。休日を実感する。

ストーン・タウンの町歩きは疲れる。迷路のようにに入りくみ、すぐに迷って同じ道を歩くことに

ストーン・タウンにある奴隷市場跡のモニュメント

なる。ふり出しに戻ってもまた迷う。散策はあきらめる。

町も建物も失礼な表現を許してもらうと、かびでうす汚れて見えた。同じ石造りでもヨーロッパのそれとはかなり違うように思えた。島全体をつつむ重い熱帯の湿気のせいだろう。

全体がねずみ色に見える中に、時々それを否定するかのような色彩が登場する。カンガの売り場であった。

その時になって、カンガがザンジバルで誕生したファブリックであることを思い出した。

縦約一一〇センチ、横約一六〇センチ、派手な原色、しかもその絵柄も負けず、派手、ハデ綿布である。腰に巻く。腰巻と言っていい。

それがアフリカの人々には似合うので旅に出るとついつい一、二枚と買うようになったが、日本ではそれを着た人をまだ見ていない。

でも思わず店の前で立ち止まるのは、その絵柄の中にスワヒリ語の格言が鎮座しているからだろう。

「うそつきの道は短い」「悪いことをする人は終わりも悪い」など思わずうなずいてしまうのもあるが「Kuleya Mimba si Kazi: Kazi ni Kuleya Mwana」なるものがある。通訳してもらうと「妊娠は仕事ではない。子育てが仕事」という意味だと。頭をさげたくなる。

「マンゴーは食べ頃だ」というのがあると聞いたので探した。友人の口の悪い奥方にプレゼントしようという魂胆だがまだ探し当ててない。

夕方海に出た。

人であふれている。旅行者だけでなく、住民全員が出て来たのではないかと思うほどの数。

泳ぐ者、サッカーをする人、唯ボンヤリしている者、串焼きを食べる人、ビール片手のお父さん。何か面白いことはないかと群れる人々、歩くだけの人、手をつなぐ二人。男女とは限らない。遠くから手まねきして「少しお金をヨコセ」とほほえむおじいさん。

その人々を相手の夜店が海岸にずらりと並んでいる。

暑い日中を避け、一日の終わりを楽しむ人々の動きは遅くまで続いた。

ホテルの部屋の扇風機は古いらしく、やたらと音が大きく、それでも音だけは「私は仕事をしています」と言っているが、空気はよどんだままの一夜だった。

次の日。これも休日らしく遊ぶ。

タンザニアのダル・エス・サラームへ。水中翼船でゆく。速い。あっという間の船旅だった。

ダル・エス・サラームは三度目なのにあまり記憶がない。きっと内陸への中継で立ち寄り、小さな思い出くらいしか、自分の記憶に残さなかったのだろう。

だが今度は目的があった。

ティンガティンガの絵を見たいと思っていた。

『アフリカの日々』の作者、カレン・ブリクセンの使用人、カマンテ・ガトゥラの画集を持つくらいでその方面の知識は全くない。

でもティンガティンガの不思議な雰囲気の絵が好きで、時々おみやげに買っていた。

ダル・エス・サラームにその工房があると聞いていたのでチャンスがあれば……といった軽い希望であった。

私の人生の黄昏とながめていた感のある宮城さんの、私の希望に応えた好意のプランであると私は勝手に解釈した。

工房はヴィレッジと呼ぶだけあって大きかった。作家の工房と作品の共同展示即売所を持つ。一〇〇名を超す作家というか職人というかの人々と、同じくらいの数の研究生がいると説明された。

思った以上に分業化されていて、本で知っただけだが、江戸時代の浮世絵の作業場に少し似ているかもしれないという気分になった。

マコンデ族の彫刻するヴィレッジもあると聞いたが、アートは卒業と決めて、行かずにザンジバルへ帰った。

いい休息となった。

旅程の残り三日。

北へ向かうことになった。宮城さんの友人Yさんが、プライベートビーチのあるゲストハウスに泊めてくれるというのだ。

彼はパキスタン航空のパイロットだというがイタリア人である。

途中パンノキの実を買った。道にそって建つ家々のそばに大木となって立ち、ソフトボールよりやや大き目のものを重そうにつけていた。

ハウスのおばさんに食べたいと渡すと、焼いてくれた。確かにパンの味がしたが、ずっと大昔、初めてパンを食べた時の味だと思った。

道々で出会う人は北へ行くほど、アラブの風景の中にいると思えたのは、皆んながか

ティンガティンガ工房（ヴィレッジ）の風景

ぶるムスリム帽と女性のスカーフのせいだと気づいた。

ゲストハウスは想像以上のものであった。バンガロースタイルの建物の中にそれぞれの部屋が独立して建てられているといった凝った構築物で、すぐうらの白い砂浜はプライベートビーチ。広さは聞く気にもならなかった。見渡す限り誰もいなかったことだけは確かである。用意してもらった大きなビーチチェアに腰をおろしたがなぜか落ちつかない。白い砂浜は人がいたほうがいいなどと貧乏人はつぶやく。

次の日、北の漁港に出かけた。私たちのための食料の買い付けだと聞いた。

浜は人々であふれていた。午後だったが、子供で埋まっている。ちょうど漁に出た船が帰る時間で、海で生活する人々全員が集

人であふれる漁港の風景

まる。

初めてダウ船というのを近くで見た。

白い三角帆に風を受けて次々と帰ってくる。浜に着くとまず子供たちが獲物に集まるアリのように船に殺到した。そして船の上からなげられる小魚を競って両手でひろいあげる。それを小さなビニールの袋に入れて、浜辺にあげる。

そのあと漁師のお父さん、お兄さんたちが大型の魚を持って浜に建つセリ場へ運ぶ。

夕食の食材を買うYさんたちと別れて、仕事らしきことをしている子供たちの輪の中へ。

皆んな小魚を入れた袋を持っている。どうするのだと聞くとそれは自家用としてもいいし、売ってもいいと言う。漁師の大人たちのおすそ分けといったものらしい。

数人の少年がバット大の棒で砂浜をたたいている。

見るとタコである。聞くとタコは硬いために売れないとのこと。棒でたたいて軟らかにするとおいしいし、売りやすいと言った。

あちこちで、子供ばかりか大人もタコたたきをやっている。浜は加工場でもあった。

Yさんの買った魚の量に仰天した。その夜の食卓の豪華さについては私の語彙はあまりにも貧しい。唯々。

ヨーロッパの人々の時間の楽しみ方を学んだ一夜であった。

次の朝、少し暗いうちに末娘と二人で宿を出る。裸足《はだし》で浜を歩いた。ひんやりとして砂は白く珊瑚の美しさとやさしさで足をつつむ。

小さな足跡。目で追うと穴があり大きな爪を持つ白いカニがジロリとみている。三〇分ほどその仲間を追ったがたくさんいた。里帰りした気分となった。

一時間も歩くと起き出した子供たちがあちこちからやってきた。写真を撮ろうとすると皆んなポーズをとる。なぜか皆んなカンフーの構えである。

一九八八年、ザイールへ行った時もキンシャサの町中でこのポーズに出会ったが、以来、二〇年以上もたつのに変わらず子供たちのヒーローなのである、ジャッキー・チェンは。

八時頃、ダウ船が次々と出港していく。途中で浜に集まって待つ乗組員を次々乗せていた。帰るのは午後三時過ぎである。

夫を見送るのかひとりのたくましい姿をしたおばさんが、仁王立ちとなって沖をながめていた。

帰路、テングサを養殖する人々を写真に撮った。働いていたのは女性であった。

日本へ輸出すると聞いた。急にふる里が近くなっていたのである。

帰国便では機内食に寿司《すし》と蒲焼《かばやき》が出て、旅の終わりをしみじみ実感する。

# 第二十章

# まだ見ぬリカオンのこと

＊

一九七六年というと四六年前となる。

私が初めてアフリカの水をのんだ年。ある人はそれを毒と呼んだが、それは本当だった。

毒は私の体のすみずみまでを支配し、少しでも刺激を得るとピクと起動し、体をゆらし、うごめき、鎮めるのに失敗すると、大事となる。時にそれが夜半だと事件である。本をひっぱり出し写真集のページをめくり、はてはカメラを取り出し、五〇〇ミリのレンズを出し始めると、もういけない。

普段はそのまずさに見向きもしないのに、ナイロビで買ったのみ残しの地酒コニャーギをコップにつぎ、冷蔵庫から氷をとり出すと最低二時間を用意しなくてはならない。想像し、夢想し、はては妄想し睡眠時間を浪費する。それをもったいないと思うかといえば逆で、至福の時間だったと思うから始末が悪い。

さて次はいつにしようかとお金と時間の都合をニタニタ顔で調べ始める。

困ったことだが何があっても常に「なんとかなる」という文言を用意しての作業だから、実現となればどこかで誰かが犠牲となることも内包するというアブナイ計画書作りである。

当然、時々ウソとは言わないがそれに近いものが登場する。

一時期、「オオミミギツネがゆっくり見られるフィールドの情報がある」というのがあった。

私は長いことキタキツネの尻を追っていた。

映画『キタキツネ物語』が大当たりして、キツネの字のつくものなら我が家の大蔵省も少し財布の紐《ひも》がゆるむような気がして、連発していた。

でもオオミミギツネは夜行性であった。

アフリカでは国立公園内の観光は日の出から日没と決まっている。

だから特別な許可を得た研究者等の見聞は別にして、多くの肉食性の動物は休息時の姿しか見ることが出来ず、一見、草の海（セレンゲティ）は今日も平和ですとの狩りのない風景を見せ続けているのだった。

オオミミギツネも巣の入口で寝そべっている姿以外に見ることも撮ることも出来はしない。

何回かに一度、ロッジ近くで狩りに出かける一家をチラと見るくらいで、大蔵大臣に草の海は平和が続いていましたと復命をくり返すだけのていたらく。

特に狩りというのは生と死をかけたドラマを生産する。時々というより期待する一〇分の一くらいの回数で出会うことがある。とはいえ私たちが出会うのは日中の狩り。まあ本番というには少しドラマ性に欠ける。一応、お互いが知と筋肉の能力を競う場にはなっているように思える。しかし、腹がへり、巣には自分以上に腹をすかせた子がいると記憶し……、その分眼だけがぎらぎらとするといったものとは少し違う。偶然がいく重にもかさなって、ヒョイと手を出したら狩りとなっていたといった

キツネと同じイヌ科動物、オオミミギツネ

感じがどうしてもつきまとう。

要は夜間の本物とは少し違うように思えるのだった。

ほとんどの旅行者が「それでもいい、狩りを見たい」と言うのは、ヒトという種はほんの少し血が好きなのかも知れない。それも命というものは食べ物であるということを本能的に知っていて、その交換のかけひきに生の妙を感じているのだろう。

J・グドールのある時期の相方、H・バン・ラービックや、日本の写真家、岩合光昭《いわごうみつあき》氏の写真は別物である……とここまで書こうと思ったが思い直した。別物ではなく彼らの作品が本物の野生の記録であるとしみじみ思ってしまう。

夜を持たないというより持てない私たち旅人の写真は狩りに関しては、どうも少し影の部分がうすく間がぬけているように思えてしまうのである。

間のぬけた文と写真をお見せしたことを少しはずかしく思ってしまう。

春のおだやかな日であれ、夏のうんざりする暑さのまん中であれ、アフリカの毒がどこかをプチッと刺激すると「さあて、何を」「今度はどこを」「あれの続きでもいい」なんぞを並べてエンピツをなめ始める一瞬は、いつの時でも至福を確約する。

ところがアフリカ病の発作が一〇回となり一五回となると不幸がおとずれる。

「あれも見た」「これにも会った」「撮った、嗅いだ、ケンカもした」と続く不幸である。

私は食べる物にあまりこだわらない。なにせ戦中戦後の食糧不足の苦しさからまずは脱出するのが夢だったから、味わうという世界から遠い人生を送ってきたような気がする。

ついでに言えば酒も同じである。

父が酒が好きだった。貧しい中での酒だから、まずは一杯が全てであったような気がする。そのあと少し酔えて、世の中の細事から一瞬でも逃げられれば良しとしたような日々ではなかったかと思う。それを家風として受け継いだのかもしれない。味にあまりこだわらない。

ためにどこのビールも、地酒も皆んなそれなりにうまい!!と声をあげられた。

ナイロビで手に入れた地酒、コニャーギについてひと言言ったが、あれは失言に近い。現地でうまいウマイと楽しんだのだから、あんな言い方をすれば罰があたる。

もう少し食や酒の味についてのこだわりがあったなら、私のアフリカ病はもっと多様で静かに慢性化したに違いないと思うのだが、生い立ちが生い立ちなのでどうにもならない。

時もそれに参加している。

私が老人になりつつあるという現実である。

自分で言うのも少しはずかしいが私は頑強である……と思っていた。

アフリカのバクテリアの洗礼を受けて一度だけ下痢をした。一度で腸の細菌が入れ替わってアフリカ人になったと自慢したが、帰国直後に今度は日本のバクテリアの挨拶を受けてした下痢の二回で、両地域の住人の資格を得た。

アフリカの旅をするとほとんどの人が受ける通過儀礼みたいなものと思っていたのに、年がいってからはそうはならずに少し痩せた。

主治医である我が家の子供は、年齢的にアフリカはそろそろ卒業かと顔色も変えずにつぶやく。

チャンスがあればアフリカの水をずっとのみ続けることが出来ると考えていた私は、少しあわてた。

まだ会ってない生き物がいたからである。

リカオンである。

一族で生活し集団での狩りの成功率は七〇パーセントを超えると言われている。一族のうちの一頭の雌が子供を産む資格を持ち、当然群れを統率する。子育ては群れ全員の仕事であり、狩りで多くが出かけている間は、数頭の若者が子守として巣に残り、子供たちの相手をする。

体全体に不定形の黒い斑点があり、個体によってみんな異なる。私はこれが好きだった。個体識別が出来やすい動物は観察が楽である。観ていて楽しい。

名も付けられる。すぐに親しみがわく。

元来、放浪性が強く、出会うのは運が必要だと言われてきた。私は運には自信がない。

アフリカ行きが三度、五度と続いても全くチャンスはなかった。その気配すらなかったのである。

しかし、リカオンに関する情報はいつも存在した。

あの沼のそばでヌーの子を倒すのを見た、あのアカシアの木の下

チーターに集まるサファリカー。近未来のサファリの風景はこれが普通かも……

で一族で休んでいた、私たちの乗るランドクルーザーと駆けっこを楽しんだとか、涎《よだれ》が出て涙の流れる話ばかりが現れた。

その度に少々の遠まわりであってもそちらの方向へ転換し、予約してないロッジに転がり込んで、いっぱいの期待で一夜を悶々《もんもん》としたこともあった。そして夫恋《つまごい》の気持ちを味わった。

そう、私にとって長年の恋人みたいなものである。

でもアフリカ行きが一〇回も過ぎると「神は私を見放した」とつぶやいてあきらめた。

ドジをふんだと気づいたのは間もなくであった、神が見放したのではなかった。本当にいないのである。リカオンが急速にその生息域を失っているというデータがある。

原因は狂犬病だと知った。

マサイの飼う犬に伝染する。その疾病がリカオンの群れに伝染することは不思議ではなかった。

私はキタキツネの観察中に、犬の群れがキツネの巣に乱入するのを何度も目撃したことがある。これはどの巣でもごく普通なことで、襲った群れは近くに飼われた畜犬である。当時農村部では係留された犬はほとんどいなく、近隣の犬同士で集団化していた。犬の持つ疾病が、乱入された巣の住人に感染するのは当たり前のことであった。

まして狂犬病。このウイルス病は恐ろしい。

マサイの人々の生活の場は草原である。セレンゲティでヌーやシマウマの群れの中を歩く長身の人々に会う。時には犬を連れた人もいる。

しかもそこは国立公園。狂犬病のウイルスに対する感受性を持つ動物はいくらでもいる。

そこにこの病気が出ればと考えただけでも身ぶるいする。

九〇年代、それが現実となっていたのである。

この疾病の特徴として、病名のとおり神経系の障害が顕著で、攻撃性が強くあらわれる。やたらとケンカを売る。嚙みつくのである。

相手の体の一部を嚙むというのは、リカオンなどの犬科の動物にとってはそれは一種の挨拶である。

「やあやあ、元気？」とか「会えてうれしいよ」などを表現すると、ウイルスは確実に広がる。

犬科の動物のほか、ウシ、ウマ、ブタなどの家畜、コウモリも感受性を持つ。むろん人間も例外ではない。死亡率は発症すれば一〇〇パーセントという。感染すれば死を覚悟せよというのだから恐ろしい。

日本でも江戸時代に流行したし、記録によると一九二四年の流行時、二三五人の死者を出したとある。

ワクチンの接種は獣医師の重要な仕事となっていて、我が国では戦後間もない年を最後にその制圧に成功している。

一九九一年、ナイロビで少し時間が出来たのでナイロビ大学に連れていってもらった。獣医学部の教授室でリカオンについて少々のレクチャーを受けた。壁いっぱいに貼られたリカオンの動向を示すデータをみせてもらう。

理学部の動物学や生態学の教室ではなく、獣医学部の仕事であることを知らされて、いい勉強になったと思った。

一九九三年、ケニアのマサイマラ国立保護区のロッジでTさんと食事をし、少々のお酒を飲んだ。

宮城裕見子さんの紹介である。
彼女……Tさんは女性である……は日本人でナイロビ大学の獣医学部を卒業後、マサイマラで仕事を始めた獣医師。自分にとっては狂犬病の制圧が一番大事な仕事であると言った。

私は診療所を退職の年、自分自身にごほうびとヨーロッパへ。ドイツの鳥学者に会うためと、エキノコックス症の防疫の実態を見学させてもらうためと称して、デュッセルドルフへ出かけた。

北海道でキツネが媒介するエキノコックス症が少しずつ汚染地を拡大していた。私はキツネにはずいぶん遊ばせてもらったので、少しお礼をと考えた。その先進地がドイツであり、駆虫薬のパテントを持つのがバイエル社であった。デュッセルドルフの

ナイロビ大学のリカオンの情報板

南、レーヴァークーゼンに本社があった。

日本でもそのシステムをと考えている人がいた。

退職で時間が出来た私に「お前さんには勉強する義務があるのではないか」となったのである。

そのドイツでは鶏頭に駆虫薬をしのばせ、ヘリコプターで定期的に散布するというシステムを採用していた。ヘリコプターと聞いて私はその費用を頭で計算して仰天した。「とても、とても……」となっていたら、ドイツでは狂犬病のワクチンを野生動物に投与する事業があり、エキノコックス症のための投薬はそれに便乗したものであると説明された。

そのことを思い出した。マサイマラだけでなくせめてアフリカの国立公園にヘリが使えればいいなあとその時、しみじみ思ったのである。

今はドローンの時代。ひょっとするともう国立公園の上を飛びかってるかもしれないと、ボンヤリ西の空を見ているのである。

全てが時代は私の想うはるか先をすごいスピードで進み、そのうちヌー一頭一頭に、チーターの個々にマイクロチップが埋めこまれ、セレンゲティ・ナショナルパークのナービ・ヒルのゲートでは、希望すれば会いたい個体の位置情報が各自のスマホにインプット。旅人はそれをにらみながら車を右に左にと。最短距離で行くには……「このコースがお勧めです」なんぞの案内を聞きながら……一日が終わる……という旅なのかもしれない。

「疲れる……」思っただけでつぶやきが出る。

私の道東での拠点であった第四倉庫の客人であり、友人である篠原よし子さんから電話をいただいた。彼女はテレビの自然番組のディレクターを長くやっている。アフリカに強い。

「リカオンが復活しつつあります」と。

場所は〇〇〇あたりですと声を潜めた。

もう一度アフリカへと……思うには年をとり過ぎ。その老人のブッブツに長い間、お付き合い、ありがとうございました。やっと終わりました。

私のアフリカの旅も……。

# あとがき

事を始めると長い。ともかく長い。だらだらと、ウジウジとともかく長い。

キツネを追い始めた時にも最初は数年で終わると思ったのに、ゆうに五〇年が過ぎた。

途中浮気もしてみたがすぐ元に。

エゾシロチョウ、がそれだ。四年余で終わったのは相手がいなくなったからである。

パンデミックの常として、あっという間の消滅が遺伝子のなかに組み込まれていたおかげである。

そうでなかったら今頃はと考えると恐ろしい。

相手が消えるとまた元にもどるのがおかしいと考えることもある。

要は私はいつも何かが必要な性癖の生き物らしいと思うことにしている。興味を引くものが……。

それにしてもアフリカの水がかくも長く私を手玉にとるとは想像も出来なかった。

最初はこれで……と考え、次は今度が最後……と思い、そしてある日、次はいつ？

となっている自分を発見してオロオロしている。

エゾシロ同様、相手が消えると終わると考える。だがそれはなかなかにむずかしい。自分の周りからその気配が消えればいいのだが、ある日、とてもとてもとあきらめた。

私は科学者でないのに記録と称して多くの写真を撮った。それはフィルムや、プリントという物質として部屋のあちこち、脳の処々にひそみ、時としてピコと起動する。少ないメモがそれに参加する。

特に寝つけぬ夜なんぞはうらめしくなる。

あんなことがあった、こんなことは結果はどうなったのか等と追跡が始まると、明日のことなんぞもう知ったことではない。

近頃はPCなるものも登場してあっという間に昼と夜が逆転し、本来は時間とともに薄れてゆく記憶が、逆に更新され、新しい解釈や情報が添加され巨塔となって鎮座するのを発見するテイタラク。

写真とは恐ろしいものと近頃よく思うことがある。

写真はアフリカ病（もしこの命名がみとめられるとしたら）の感染源となり得ることを証明する人物がいる。

北海道北見市・人口約一一万人。かつて私の住んでいた地方の中心の都市である。

写真が今以上に人々に親しまれていた時代、かれこれ三〇年前の話であるが、ポジのカラーフィルムの現像所がその地にもあった。

今では札幌はおろか、道内にはどこにもなく、皆んな東京へ送る時代へ先祖返りをしているが……。

その人物の名は鈴木茂夫《すずきしげお》さんという。

年齢はそれなりの人であるが私よりずっとずっと若い。強調したい。写真家である。ハンサムであるとつけ加える。

職業は町の写真店の店主であるが、写真愛好家であり、写真理解者であり、写真技術者であり、好人物である。

私は自分の撮ったものの処理は全て鈴木さんにお願いしている。

当然のことながら、彼は私の撮ったものを全て私と一緒に最初に見る人となる。顧客に対する責任として詳細にチェックし、カメラの中のゴミ等の有無などを調べる。時として露出に少し難がある等と不埒な言をつぶやくこともある。

だが彼の忠告は当を得ていていつも助けられた。

当然、キツネの時代はキツネの話が、エゾシロの時代はチョウのこと、私のアフリカ病が始まるとアフリカのことが当たり前のことだが話題の中心となった。

ある日、北見市にひとり患者が発生したと気づいた。

「今年のフラミンゴはボゴリア湖が一番らしい」なんぞの情報が、東京ではなく、たかだか六〇キロの距離の都市の写真店から届いた時のことである。

「東京でなく、なんで北見なのだ」と私はつぶやいていた。

彼は勉強していたのである。最初は顧客が今何に一番熱中しているかくらいのことだったのだろうが、いつの間にか、自分自身が伝染罹患し、重症化していることに気づいていなかったのである。

ある時、「私も参加します」と乗り込んできて、あれよあれよと言う間もなく、立派な中毒患者となって、ナイロビの宮城さんともメールでやりとりするという強者《つわもの》に変化していったのである。

当たり前のことだが地元の人にも患者を

末娘夫婦は新婚旅行でアフリカへ

つくり、アフリカ旅行した者六名となった。ついでに言うと北見地方と呼ばれる郡部まで入れると、私たちの患者は二〇名以上となる。

しかも二度、三度といわゆるリピーターと呼ばれる人物の群れが生まれ、この疾病の恐ろしさをみせている。

彼がつくりあげる人脈を称して私は「北見鈴木組」と呼んだ。


ある年、私たちの車は妙な人気を得た。

ロッジに帰ったり、路上に停車すると何人かの地元人が、車と一緒に記念写真を撮った。無論私たちも入れて……。

車が珍しいのかというとそうではないらしい。どうも私たちの車と私たちに興味があると知った。

原因は鈴木さんであった。

彼が出発時、何枚かのステッカーを造ってきた。他の車と区別するためだと言う。「竹田津組」と書いてあった。

ドライバーからこの組というのはどんな意味があるのかと聞かれたので私は「日本には山口組というのがある」と答えておいた。

インターネットの時代が来ていた。

私たちは日本から来た「マフィア御一行様」であると理解したらしい。

記念写真の被写体となった。


雨季のンゴロンゴロは美しい。

早朝、外輪山に建つロッジからみると霧の中である。そこを車で下りてゆく。

時々霧が流れると遠く近くに車は無数のシマウマ、ヌー、そしてバッファローにとり囲まれているのに気づく。

突然、後続の車から、原田英雄さんの声。彼は私の住んでいた道東の町、小清水《こしみず》からの参加である。お百姓さん。

「竹さん（わたしのこと）、天国だなあ」と。一呼吸おいて「俺たちも死んだら、こんなところへ行くんだなあ」と言った。

私は「うむ」とうなずいたが、私が行け

いつも女性に人気の鈴木さん

るとは思えなかった。獣医という仕事は死んだら天国とは無関係と常々思っていたのである。

だがそこは天国であった。

アフリカに確実に天国があると断言出来るのである。いや天国とはこんな地を言うのだと思える場所が、まだあると断言したい。

最後の最後、私の苦しい旅にいつも付き合ってくれた我が娘こるり君に感謝を。

彼女は結婚して太田こるりとなったが、我が家では何か困り事があると助けを求めた。相方である雄大《たけひろ》さんに感謝をしている。

アフリカでは私の通訳というよりは何でも屋で、最終的には彼女のタフな資質におんぶにだっこ、肩ぐるまとなった。

どこへ行っても人気の末娘、こるり

本業は環境調査をながくやっているが、それではなくアフリカの自然の中に入っての対応には驚くほどのものがある。何度も助けられたと感謝している。アフリカの旅が無事終わったのは、ナイロビの宮城さんとこるり君の二人のおかげであると何度もつぶやいている。

やっとアフリカの旅が終わった。本当の意味で。フィルムを見る機会が少なくなるのだと思うとそれはそれで淋しい。でもほっとしている。たくさんの人々に助けられたと、しみじみ思っている。私はほんの少しヒトから人間に近づいていると思っている。

感謝を。

# 解　説

今田忠男

　このタイトルを見た人で、飲んべえの竹田津実先輩を思い浮かべる人はまずいないと思います。アフリカの水とはどんな水、お酒の間違いではないのかと……。

　私も少しですが、獣医師として、アフリカ（ケニアとザンビア）の水をのんだので、先輩のというか竹田津ファミリーのアフリカ狂いが理解できて、その行動力と観察力そして記憶力と分析力に敬意と羨望の念を禁じえません。

　今から五十年前に北海道でお世話になった竹田津先輩夫妻に、その二十年後に、本当に偶然にケニアのナイロビの地において、一緒にアフリカの夜明けの空気を吸い、炊き込みご飯で作ったおにぎりと日本から持って行ったインスタント味噌汁《みそしる》をのんだ者として、『獣医師、アフリカの水をのむ』の連載を毎月楽しみに読ませて頂いていました。

　私はおよそ三十年前に約四百五十日間アフリカの水をのみましたが、北海道のキタキツネ写真で有名な竹田津先輩が、四十年以上前から、かなり重症な真性のアフリカ病にかかられていたとは、ケニアでお会いするまで知りませんでした。連載を読みながら、これは治療法がないな、どこまで症状が進むのかと期待していたのですが、二十回で終わってしまいました。まだまだ夢のある話があるはずなのに！　残念です！　結局先輩は何回アフリカに行かれたのでしょう？　その膨大なエネルギーの源は？　と少し欲求不満になっていたら、突然、私に解説（？）を書いてくれとの依頼が速達郵便で届きました。獣医師竹田津実先輩の依頼は断れません。

何しろ五十年前に二十一宿六十三飯プラスアルファの恩義があるし、作家で写真家の竹田津実のファンでもあるのですから。

この無茶ぶりに対応すべく、先輩夫妻との北海道での出会いと、ケニアのナイロビでの思い出について少し紹介してみます。


アフリカは日本から遠くて体力的にも経済的にも行くのが大変です。しかし、兎《と》に角《かく》、野生動物の種類と数が多く、われわれ人間も動物（裸のサル）であることを容易に再認識できる大陸で、感染症（黄熱病、マラリア、エイズ、眠り病等々）以外にも、いろんな面で危険がいっぱいですが、一度訪れると自然と生き物が好きな人間は、また行きたくなるのです。この症状が所謂《いわゆる》アフリカ病の初期症状です。行ったことがなくても野生動物が好きな多くの人は潜伏感染状態です。しかし、日本とあまりにも環境が異なるため、もう二度とあんな所には行きたくないという人も当然います。行きたくて行った人と、行かされた人との差は大きいものです。私はその中間で、仕事でたまたま行けたので、行ってから重症化し、また行く機会を探しました。

先輩のアフリカ病は、潜伏期が長かったせいか、かなり重症ですが、アフリカに居ついてしまうという、私が知る最悪の症状は出なかったようで、理想的（？）なアフリカ病です。完治しないでしょう。

私が岐阜大学の先輩である竹田津さんご夫妻と出会ったのは、今から五十年前の一九七一年の夏、北海道斜里《しゃり》郡小清水町の家畜診療所で当時所長をされていた竹田津さんに、獣医実習生として受け入れてもらった時です。診療所近くに住む竹田津ファミリーは、生意気で食欲旺盛な大きな子供だった私と同級生の横川君を、ただ北海道に憧れる後輩というだけで、三週間居候生活をさせて下さいました。当時、竹田津家には四人の子供さんと我々以外に、居候希望者（野生動物、生態学者、アマチュア写真家等々）が異常に（？）多くいました。我々は竹田津家では運よく居候の先輩として、診療所の白衣を着、三食と遊び（野生動物観察助手）付きで、ほとんど毎晩、北海道の水（アルコール入り、私は奥様が特別に準備して下さったコーラ）を飲み、若気の至りで後から出入りする人たちに、かなり大きな顔をしていたのを記憶しています。たった三週間でしたが、大学では学べない多くの経験をさせて頂きました。特に自然と動物への接し方において、経時的な観察がいかに面白くて楽しいかを身をもって教えて下さいました。

当時私は北海道の大動物臨床獣医師に憧れていました。先輩ご夫婦は来るもの拒まず、去る者は追わずの自然体の姿勢で、周りにいる人間と野生動物の観察と子育てに明け暮れておられました。その生活スタイルを見て我々は憧れてしまいました。

実習最後の日に先輩は私に、「お前さんは酒が飲めないから冬の北海道も経験してから、将来を決めたほうが良いよ」（子供たちと奥さんは、コーラのお兄ちゃんとよんでくれましたが）とアドバイスをくれました（横川君はお酒が飲める獣医の卵でした）。それで今度は真冬の二月、小清水町の酪農家を紹介してもらい、二週間そこに居候させてもらい朝四時起きの経験をしました。その時も遊び（野生動物観察助手）がついていました。

私は、北海道の厳しい真冬の経験とお酒が飲めない現実から、大動物臨床獣医師はあきらめ、農林省（当時）の家畜衛生試験場（現在は動物衛生研究所）に就職し、国家公務員獣医師として、動物の病気の診断と予防に関する研究に従事することになりました、大自然と野生動物とはかけ離れた生活です。

まじめな（?）公務員研究者には転勤と派遣はつきものです。

一九九〇年の春、ちょうど学位が取得でき一段落ついていた私に、七月から二年間アフリカに行ってくれないかという話がありました。今でもアフリカへと言われて心が騒がない獣医さんは少ないと思っています。

研究員の派遣は二年間でその研究対象が、日本には存在しない寄生虫による牛の熱病ということでした。私の前には複数の大きな壁がありましたが、それを乗り越えられたのはアフリカに行ってみたいという熱病を発症したからでしょう（五十年前に先輩から潜伏感染していたのかもしれません）。

当時まだ子供が小さく共働きだったので、二年は無理ですと回答したところ、その一週間後に、誰も行く人が見つからないので、一年と一週間でいいから是非行ってくれと懇願され壁の一部が壊れました。パートナーの「好きにすれば」という許可（？）が得られ、憧れ（？）のアフリカに行けることになったわけです。

初めての外国の研究所で、英語でのコミュニケーションもままならない中、アフリカにおける牛の重要疾病、東海岸熱病（East Coast Fever：ダニ媒介性のタイレリアパルバという原虫による伝染病）が相手という事で、研究テーマを決めることに苦労しましたが、それでもアフリカに行ってみたかったのです。

私は、それまで持っていなかった、一眼レフカメラ、三〇〇ミリの望遠レンズ、そして双眼鏡と高性能短波ラジオを購入して、単身でケニアのサファリ王国に入ってしまいました。

派遣先は、首都ナイロビにあるＩＬＲＡＤ（国際獣疫研究所）でした。研究所はナイロビ（二キロ四方は近代都市でその周囲はスラムまたはサバンナ）郊外に広大な敷地を持ち、周りは高い塀に囲まれ、出入り口はガードマンではなくウオッチマン（見ているだけの人達だからです）が二十四時間体制で駐在していました。敷地内には最新設備を備えた研究棟と実験動物棟、大動物用パドックをはじめ、各国からの研究者やその家族のための住宅や食堂が完備され、さらに厚生施設として、テニスコート、プール、そして玉つき台、バーラウンジまであり、周囲から隔離されたりっぱな施設でした（ケニアは危険な国なのです）。

そんな中で私は、派遣研究員として東海岸熱病を媒介するダニを人工的に増やして、病原体である原虫を集めるため、毎週毎週、数千匹のダニをすりつぶしていました。まじめに夢を持って研究していました。

そして休日と週末は野外観察と称してケニアのナショナルパークを自分で車を運転し、駆け巡るという計画的な生活を開始しました。家族をアフリカに呼び寄せるという一大イベントには、かなりのエネルギーを使いましたが、子供達は、アフリカの水はのみたくないといいます。子供達三人（小学六年生と二年生二人）だけをつくばの官舎に残し、パートナーだけを呼び寄せ、二週間サファリ三昧でアフリカの水をのませました。我々の逆子別れの儀式（？）でしたが、それ以来、長男には少し頭が上がりません。

ケニアでの日常生活は危険がいっぱいでした。特にナイロビ市内には野生動物以外に色々な人達が生息していて、ケニアには、私を含めアフリカ病を発症した変な外国人も沢山いたことを思い出します。大切な車は毎月のようにパンクするし、市内で食事中にカーラジオを盗まれた時は、その修理と保険金の請求にかなりの時間とエネルギーを奪われました。ナイロビの警察官に謂《いわ》れのない罰金を二度も払わされ、換金時には偽札も混ざっていました。

ケニアでの生活に慣れた一九九一年、二十年ぶりに先輩夫妻と偶然アフリカの地で出逢い、数日間一緒に過ごす機会を持つことが出来ました。その時はアフリカ病の先輩面をし、エイズ感染防止のためホテルで先輩の散髪をし、奥様とアマチュア野生動物写真家談義（？）で盛り上がりました。

私の運転で、夜明け前のナイロビ・ナショナルパークを案内することが出来たのは、アフリカでの至福の時間でした。何とか五十年前の恩義を十分の一くらいは返せたと自負しています。

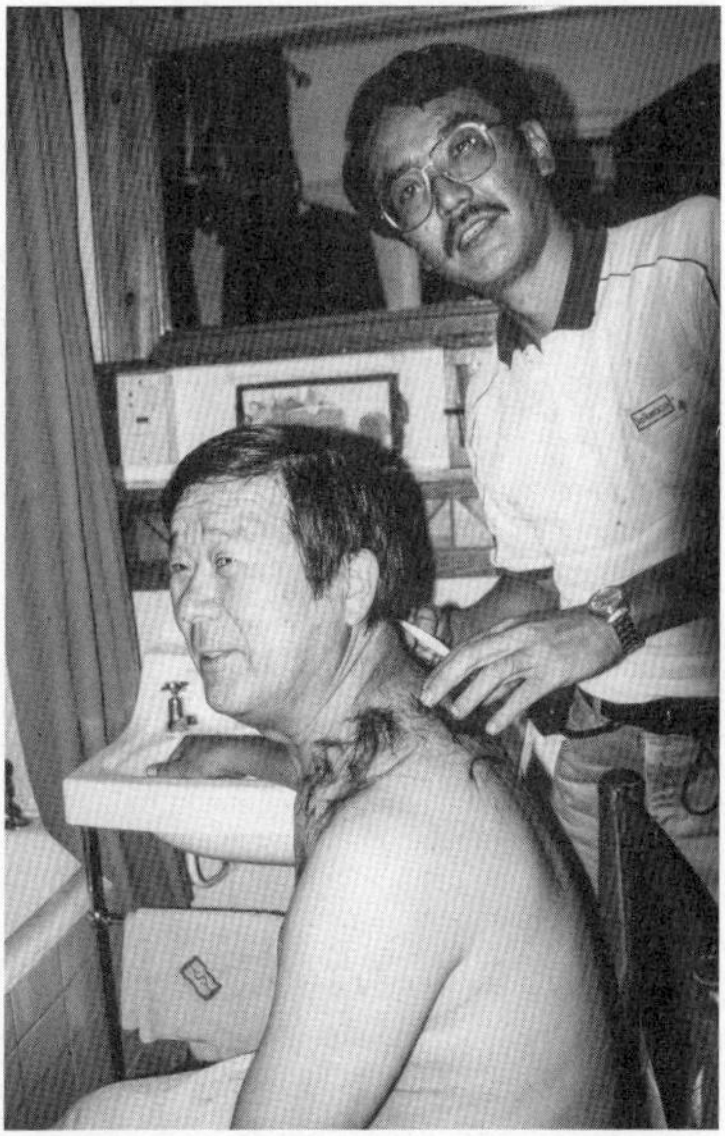
ホテルのバスルームで竹田津先輩の髪をカットした

そんなケニアでのサファリ三昧の幸せと悪夢の一年はあっという間に過ぎてしまいました。

その後一九九三年と一九九四年にザンビアの獣医大学に行く機会に恵まれ、今では出来ないだろうナイトサファリも経験しましたし、ザンベジ川のラフティングで落水し、いやというほど川の水を飲んだので、アメーバ赤痢を心配しましたが、私のアフリカ病は、後遺症を残さず回復したようです。

先輩、周りが応援したくなる夢をもっと沢山見て聞かせて下さい!!

（いまだ・ただお　農学博士、獣医師）

若い頃の竹田津先輩夫妻（キンシャサで）

本書は、「青春と読書」二〇二〇年一二月号〜二一年七月号に連載されたものを加筆・修正したオリジナル文庫です。

本文デザイン・三村淳
本文写真・著者

S 集英社文庫

獣医師《じゅういし》、アフリカの水《みず》をのむ

2022年12月25日　第1刷　　定価はカバーに表示してあります。

著　者　竹田津《たけたづ》　実《みのる》

発行者　樋口尚也

発行所　株式会社　集英社
東京都千代田区一ツ橋2-5-10　〒101-8050
電話　【編集部】03-3230-6095
【読者係】03-3230-6080
【販売部】03-3230-6393（書店専用）

印　刷　大日本印刷株式会社

製　本　大日本印刷株式会社

フォーマットデザイン　アリヤマデザインストア　　マークデザイン　居山浩二


ISBN978-4-08-744472-8 C0195